열심히 대충
쓰는 사람

브로콜리너마저 덕원의
가사, 노래, 글을 짓는 마음가짐

열심히 대충 쓰는 사람

브로콜리너마저 덕원의
가사, 노래, 글을 짓는 마음가짐

윤덕원 지음

어떤 노래는 날개를 달고

적은 몸짓으로 높이 오르지만

내가 불러주는 만큼만

머물러 있을 수 있는 이름도 있죠

브로콜리너마저, 〈너무 애쓰고 싶지 않아요〉

추천의 글

오은

시인, 『다독임』 『뭐 어때』 저자

윤덕원의 첫 산문집 제목을 보고 놀랐다. 『열심히 대충 쓰는 사람』이라니. 내가 아는 윤덕원은 성실의 아이콘이기 때문이다. 그는 진심으로 음악을 사랑하고 그 이상의 진심으로 사람을 대하는, 글도 마음도 결코 대충 쓰는 이가 아니다. 이 책을 읽어보니 알겠다. 성실한 사람은 자신의 열심을 대충이라고 낮춰 말하거나 대충 속에 열심을 꾹꾹 눌러 담는다는 사실을. 창작자이자 생활인인 윤덕원은 그렇게 한다. 그는 누군가와 헤어진 후 자기가 지나치지는 않았는지 반성하는 사람, 멈추고 돌아가 지우고 고민하다 다시 시작하는 사람이다. 어려움을 안고, 어려울 것임을 알고도 또 한 발짝 내딛는 사람이다.

이 책은 어쩌면 사는 일을 둘러싼 마음가짐에 관한 책일지도 모른다. 마음먹은 것을 힘겹게 소화하는 진득함, '이대로' 계속해도 될까를 고민하는 신중함, 어떤 상황에서도 생활을 살피는 꾸준함, 기록을 통해 기억을 이어가는 뭉근함이 페이지 곳곳에서 반짝인다. 읽고 쓰고 듣고 말하고 노래 부르며 매일매일 자신이 맡은 바를 기꺼이 책임지는 이야기를 읽었다. 이렇게나 단단한 친구를 두어서 얼마나 기쁜지 모른다.

추천의 글

요조

뮤지션, 작가, '책방무사' 보스

편안하게 읽을 거라고 생각했다, 브로콜리너마저의 음악이 그런 것처럼. 하지만 페이지를 넘기며 마주한 건 윤덕원의 섬세하고 예민한 엄격함이었다. 손수 만든 음악이 자신의 손을 떠나 세상으로 나아간 이후에도, 충분한 시간이 흘러 자신의 행보가 추억으로 완료된 이후에도 그는 그것을 방치하지 않고 계속해서 현재를 성찰하는 도구로 삼는다.

모두에게 사랑받는 브로콜리너마저의 거대한 너그러움은 이러한 예민한 엄격성으로 차곡차곡 건설되어왔구나, 그것이 '열심히 대충'이 말하는 역설의 속뜻이구나 생각하니 어쩐지 이 책의 제목이 무시무시하게 느껴진다.

그 어떤 조미료도 '미원'이라는 이름을 넘어서지 못하듯, 보편성의 경지에 다다른 존재는 하나의 세계를 대표하는 고유함을 얻는다. 이미 한국음악 속 한 세계의 고유한 존재가 된 윤덕원은 지금 이 순간도 어딘가를 향해 열심히, 대충, 나아가고 있을 것이다. 역시 무시무시하다.

열심히 대충 쓰는 사람

붙들고 있던 게 사라질까 봐
다듬고 다듬어도 모자랐죠.
말하지 않으면 의미 없는 것을
그때는 왜 몰랐었을까요.

마음속에 간직했던 생각들을
꺼내지도 못한 채로
아무것도 쓰지 못한 사람이 되어
헤매고 있었죠.

이젠

열심히 조금 대충 쓰는 사람이 될래요.

일러두기

* 이 책은 2021년 1월부터 2023년 3월까지 《씨네21》에서 연재한 칼럼 〈윤덕원의 노래가 끝났지만〉과 2019년 7월 《SBS뉴스》 디지털 콘텐츠 〈인-잇〉에 실린 저자의 칼럼을 포함하고 있습니다. 출간 시점에 부연 설명이 필요할 경우 글쓴이 주로 내용을 덧붙였습니다.
* 단행본 제목은 『 』, 잡지 등의 매체명은 《 》, 앨범명은 「 」, 노래 제목 및 단편 글 제목, 방송 프로그램명, 연극명은 〈 〉로 표기했습니다.
* 국립국어원 표기법을 따르되 일부 표현은 관용적 표현을 사용했습니다.

차례

추천의 글 006

열심히 대충 쓰는 사람 010

1장. 기억하고 기록하며

그래도 꽤 괜찮잖아? 018

언젠가 나의 노래도 텅 빌 테지만 024

수제비처럼 쓰는 사람 030

완벽하지 않은 채로 써나가기 036

카세트테이프 녹음기 044

애플워치로 능숙하게 악상을 메모할 수 있다면 050

내돈내산 바른 생활 058

2020 068

우리는 끝없는 과정에 놓여 있어 074

올해의 목표는 대충 하는 것 082

2장. 음악하는 사람입니다

노래에 물을 주듯 088

누군가에게 고여 있는 노래 096

그러니까 넌 나에게 숙제가 되지 마 102

직업으로서의 창작은 '괜찮지 않은 일' 110

비트 주세요 118

너의 새로운 기타 스트로크 126

더 잘할 수 있었는데 132

보리차가 식기 전에 봄날로 가자 140

뾰족한 수는 없지만 148

공회전의 기술 152

낯선 곳에서 잠드는 것은 158

어떻게든 뭐라도 164

개망초 꽃을 좋아하세요? 172

남기지 않고 180

3장. 위로가 실패로 끝난다고 하더라도

그럴 수도 있었지 190

인세를 보내며 196

모든 것이 업보 202

위로가 실패로 끝난다고 하더라도 206

황망함 212

회사에서 울어본 적 있어요? 218

이웃에 방해가 되지 않는 선에서 224

티셔츠 연대기 230

정성스럽게 내린 커피의 맛 236

무기한 휴간 중인 잡지의 팬으로 산다는 것 242

당신도 멸종될 수 있다 252

인터뷰 258

라디오와 함께한 10년 266

나의 의사 선생님 274

행복 282

에필로그 292

노래 목록 296

1장.
기억하고 기록하며

그래도 꽤 괜찮잖아?

최근 가장 중요하게 생각하는 일과는 '일기 쓰기'다. 이 글을 쓰는 시점을 기준으로 약 3주째 빠짐없이 일기를 쓰고 있다. 일기라고 해서 대단한 글을 쓰는 것은 아니다. 대체로 시간 순서대로 어떤 일이 있었고 어떻게 생각했고 어떤 일을 했는지 메모장 한 페이지 정도로 기록한다. 스마트폰 메모장을 사용하기 때문에 관련해 찍어둔 사진이 있으면 첨부해놓기도 한다. 당연히 모든 일이나 생각을 기억하지는 못하기 때문에 몇 가지 기억나는 사실만 기록한다. 그 순간에 적었다면 기억할 수 있는 일을 저녁에 잠들기 전에 쓰려고 하면 기억나지 않는 경우도 있다.

예전에는 '굳이' 기록해야겠다고 생각하지 않았다. 어릴 때는 사소한 일상도 웬만하면 기억에 남았을뿐더러, 오래 남길 만한 가치가 없는 것을 굳이 적어둘 필요가 없다고 생각했기 때문이다. 세상에는 너무 많은 자료가 있고, 그 속에서 내 이야기는 너무 하찮게 느껴지는데 굳이 한 줄 더 보탤 것까지야. 어린 시절에 쓴 일기장을 가끔 펼쳐보며 미소 지을 수도 있겠지만, 거기에서 얻는 기쁨에 비하면 이상한 무언가를 발견해서 느낄 당황스러움과 부끄러움이 더 크지 않을까?

언제부턴가 일기를 소재로 한 에세이가 많이 나왔다. 나도 문보영 시인의 『일기시대』를 인상 깊게 읽었다. 누군가에게 보여주기 위해서가 아니라 그냥 재미로 쓴 것 같다고 느낄 만큼 뜬금없는 내용이 많았는데, 눈을 떼지 못하고 즐겁게 읽었다. '일기'라는 형식 자체가 재미있기 때문일까? 다른 사람의 일기라서 재미있는 걸까? 내가 쓴 일기도 누군가에게는 흥미로운 이야기가 될 수 있을까? 이런 생각으로 긴장감을 섣불리 내려놓고서 나의 일기를 공개하면 왠지 부끄러울 것 같다. 그래서 나는 아직까지 내 일기를 온라인에 공개하지 않고 있다.

SNS에 어떤 종류든 간에 글을 올리는 이들은 이미 이 장벽을 극복한 듯 보인다. 얼마나 세심하게 글을 다듬는지는 사람마다 다르겠지만, 정도의 차이는 있되 읽을 만한 글도 참 많다. 사진 캡션으로 사용할 길지 않은 글을 올릴 때조차 엄청나게 퇴고하는 사람도 있을 것이다. 그런 글을 읽는 사람 중 누군가는 흠은 덜 보고 장점을 더 눈여겨보기도 할 것이다.

글을 써서 공개하는 것이 두려운 마음은 예전 작업물을 돌아볼 때 느끼는 부끄러움과 이어져 있는 것 같다. 간혹 예기치 못한 곳에서 그것들을 마주하면 급격히 오그라든다.

정식 발매한 노래에도 그러는데, "예전에 올려주셨던 데모 버전의 ○○ 음원 정말 좋아요."라는 피드백을 받을 때면 세상에 있는 인터넷 서버에서 그 파일을 다 지워버리고 싶은 충동에 휩싸인다. 왜 나는 그때 그런 것들을 만들어서 이제와 고통받는 것인지.

하지만 가끔 '그래도 꽤 괜찮잖아?' 하는 마음이 들 때가 있다. 그럴 때는 남들이 존재조차 잘 모르는 과거의 흔적을 굳이 내어놓곤 한다. 레코드폐허*에 참여했을 때가 그랬다. 사람들이 자신의 작품을 돌발적으로 발매하거나 때론 함량 미달의 작품이더라도 선보이는 행사였는데, 그때 나는 초기부터 작업했던 데모 음원을 CD에 복사해서 100장 정도 판매했다. 그때는 왜 그랬을까? 신나서 했던 것 같은데 과정은 잘 기억나지 않는다. 역시 일기를 써야 했다.

돌아보니 '그때가 아니면 글로써, 음악으로써 고정하기 어려운 생각이 있다.'라고 결론 내리게 되었다. 글이나 음악

---

* 국내 바이닐 음반 시장 활성화를 위해 열리는 '서울레코드페어'를 패러디한 언더그라운드 음반 축제. 디지털이 아닌 실물 음반 제작에 의미를 되새기는 취지로 열렸다.

혹은 이미지로 고정하지 않은 마음을 이후에 다시 꺼내어 고정하는 것은 어렵지만, 한번 고정한 것은 (수정이 필요할 수는 있지만) 그래도 다시 불러올 수 있다. 일기의 의미도 거기 어딘가에 있다고 생각한다.

과거에 만들었던 데모 곡들을 생각한다. 붕가붕가레코드 초기 멤버들과 인천 영종도로 엠티 가는 길에 버스에서 유료 전화 사주 광고를 보고 즉석에서 만들었던 힙합 곡을 그때 녹음해놓지 않았다면, 기억에서 사라져 지금 떠올리지도 못했을 것이다. 다시 들을 만하냐고 묻는다면…… 상황에 따라 다르다고 말하고 싶다.

사람이 태어날 땐 반드시 천기를 타고 태어나는바

나는 대체 무엇이 잘못되어 이 고생을 하고 있는가

인간에 있어 길흉화복 흥망성쇠가 웬 말인가

내게 주어진 천기와 사주팔자 사이에 무엇이 있어

이리도 안되고 꼬이는지 왜 자꾸 아픈지

이리도 안되고 꼬이는지 왜 자꾸 아픈지

장백산 쪽집게 도사 700-사주사주

장백산 쪽집게 도사 정보료는 분당 1,000원

장백산 쪽집게 도사 700-사주사주

장백산 쪽집게 도사 정보료는 분당 1,000원

윤덕원, 〈장백산 쪽집게 도사〉(미발매 곡)*

* 가사는 버스 광고 문구를 거의 그대로 썼습니다.

언젠가 나의 노래도 텅 빌 테지만

2022년 5월에는 특별한 공연을 하나 했다. 부여의 고택에서 열린 작은 콘서트였다. 공연의 기획자이자 진행자인 재주소년 경환 씨와 부여에서 도시재생 사업을 하는 사회적 기업이 함께 만든 공연이다. 그 배경이 되는 곳이 부여의 자온길이라서 이 프로젝트는 '자온길 프로젝트'라는 이름을 갖게 되었다.

자온길에는 방치되어 있던 가옥을 고쳐 새롭게 만든 가게와 공간이 여럿 있었는데, 그 중심에 과거 양조장 주인이 기거했다는 '이안당'이 있어 공연장으로 사용되었다. 이곳이 이번 공연장이었다. 과거 모습이 그대로 남아 있는 고택을 잠시 둘러보는 것만으로도 시간의 흐름이 잠깐 멎은 기분이었다. 장비와 객석 의자들이 놓여 있어서 어수선하고 공연 준비로 분주하긴 했지만, 이곳의 좋은 기운을 더 받기 위해서 대청에서 잠시 하늘을 보거나 낮잠을 자도 좋을 것 같았다. 뒷마당에는 닭들이 심심하면 소리 높여 울곤 했다.

고택에 있는 다락을 대기실로 사용했다. 천장이 높지 않은 그곳에서 대체로 눕거나 기대앉아서 시간을 보냈다. 공연 때 옛날이야기를 진솔하게 하면 어떻겠냐는 경환 씨의 제안에 밴드 초창기를 떠올려보니 재미있는 사건이 많았다. 내가 입대하기 전, 재주소년의 음반을 접하고 활동하는 모습을 부러워했다고 말하니, 경환 씨는 전역하고 나니 브로콜리너마저가 활약 중이어서 의식했다는 이야기를 꺼내기도 했다. 그러다 우리 팀에서 드럼을 치는 류지가 혹시 예전 일을 기억하는지 갑자기 나에게 물었다. 밴드 초기에 앨범 발매 이후 활동을 쉬다가 모여서 밥을 먹은 적이 있는데, 이대로 우리 그만두는 거냐고 물어보다가 울었다고. 아, 정말 기억이 안 나는데. (류지가 그때 울었나?) 당시 쟁반짜장이 맛있어서 자주 갔던 낙성대 중국집은 기억났다. 그땐 거기를 정말 자주 갔는데. 그곳을 떠난 뒤 10여 년 동안 까맣게 잊고 있었다.

그렇게 고택의 다락에서 예전 일들을 다시금 마주했다. 없어질 뻔했던 옛집이 다시 사람의 손길을 맞아서 새로운 역할을 하게 된 것처럼 지나버린 일도 그렇게 될까? 시간이 지나며 오래된 것이 없어지기도 하고 어떤 것은 남기도 하는데 기억도 그렇게 되나 보다. 농담 삼아 인간의 욕심은 끝이 없고 같은 실수를 반복한다고들 하는데, 어쩌면 기억이라는 게 생각보다 약한 것이라서 그럴 수도 있겠다.

하지만 때로 기억은 엄청나게 힘이 강하기도 하잖아? 그때를 증명하는 것이 하나도 없어도 누군가 기억하고 이야기하는 것만으로 떠오르는 일이 있는 것처럼. 처음으로 잡지에 우리 밴드의 인터뷰가 실리고 나의 이야기가 활자화되었던 때를 기억한다. 공개된 곳에 나의 흔적을 남기는 게 두려웠지만 막상 이제 와서 보면 그때 했던 말의 상당 부분은 찾으려 해도 찾을 수가 없다. 언젠가 나누었던 이야기와 공연의 순간 그리고 생각들도 드물게만 남아 있다.

녹음되지 않은 노래는 사라진다. 연주하지 않은 노래는 희미해진다. 사람이 사는 집은 낡지 않는다고 하는데, 내가 만든 노래와 말들도 매번 지나다녀서 반질거리는 부분이 아닌 곳은 먼지가 앉고 어느새 잊히는 것 같다. 새로운 이야기를 찾으러 가는 만큼이나 지나간 흔적을 만지작거리는 과정에서 문득 다시 깨닫는 것이 늘어난다.

시골 큰아버지 댁이 예전에는 할아버지 댁이었다. 지금은 양옥이 되었지만 그때는 문풍지가 있고 마루가 있는 한옥이었다. 부엌은 경사진 입구를 따라 들어가면 있었고, 아궁이가 안방 구들장 밑으로 이어져 있었다. 불편한 구조를 조금씩 수리해서 집의 모양은 변했지만 지금 문간방의 구조가 그러한 것은 집의 원형이 그러했기 때문이다. 이제는 흔적이 거의 없어져 잊고 지내지만 지금은 잔디를 심은 마당에 우물이 있었다. 그 안에 6·25 시절 사용한 철모로 만든 두레박이 있었고. 알지도 못하는 옛날이야기와 먼 친척들 이야기를 하던 할아버지를 어렸을 땐 잘 이해하지 못했지만 지금은 왠지 절반 정도는 알 것 같다.

노래를 계속 부르는 것이 나에게는 집을 닦는 것 같다고 생각했다. 만들어둔 노래가 잊히면 금세 무너지고 말 것 같은 불안감이 든다. 누군가 그곳에서 살고 있다면 더 바랄 것이 없겠지만, 언젠가 나의 노래도 텅 비고 말 것이다. 이렇게 생각하면 조금 서글프지만 홀가분하기도 하다.

물론 그날의 공연은 찾아준 많은 관객과 함께 연주한 동료들 덕분에 북적였다. 오래된 집이 그렇게 생명을 이어가듯 계속해서 노래를 불러야겠다고 생각했다.

수제비처럼 쓰는 사람

"저 아무래도 글을 더 쓰기 어려울 것 같습니다……."

《씨네21》에 기명 칼럼을 연재하다가 담당 기자에게 이렇게 문자 보낸 적이 있다. 새 앨범 작업과 여름 공연 준비를 동시에 하면서 글 쓰는 일이 버거워졌기 때문이다. 다른 사람들도 그런지 모르겠지만, '글 쓰는 나'와 '음악하는 나'는 아주 다른 사람처럼 느껴진다. 둘 사이에서 필요에 따라 일종의 변신을 해야 하는 셈인데, 그 변신 스위치가 정확하게 작동하지 않는다. 오래되어서 작동이 되다 말다 하는 기계에 시동을 거는 것처럼 컴퓨터를 켜놓은 채로 글쓰기 모드가 되기를 기다리는 수밖에 없다. 모드가 바뀌기만 하면 다행인데, 문제는 글 쓰는 상태에 들어선 다음에 있다. 도무지 진도가 나가지 않는다. 이유를 잘 알고 있다. 나의 글에 자신이 없고, 지면은 언제나 과분한 자리로 느껴지기 때문이다.

나는 나의 창작 능력이 아주 제한적이라고 생각한다. 지금껏 밥벌이해온 것이 용할 정도다. 새로운 도전은 언제나 겁이 난다. 내가 가진 반죽은 한정적이라 일정 정도를 넘으면 밀수록 점점 얇아지고 속이 비치다가 결국에는 찢어지고 말 것 같다. 찢어지고 나면 속이 흘러나와 내 속에 든 보잘것없는 것들을 들킬까 봐 조심스럽다. 어쩔 수 없이 넓고

얇게 밀어야 해서 비치는 속을 완전히 감출 수는 없다 하더라도 최소한의 형상은 갖춰야 할 텐데. '무리하다가 실패하면 어쩌지?' 하는 생각만으로 아찔할 지경이다. 강에 제물로 바치기 위해 사람의 형상을 재현한 것이 만두의 기원이라는 설이 있던데, 속이 다 흘러넘치는 모습으로 어떻게 강의 귀신을 속일 것인가. 세상에 내놓은 것이 언제까지 남아 있을지도 모르는 일인데.

노래를 만드는 사람으로서 나의 대처법은 '빼기'다. 조금이라도 어색할 수 있는 표현을 곱씹어보고, 다른 입장에서 어떻게 들릴지 예상해서 뺄 수 있는 표현을 최대한 삭제한다. 함량 미달의 단어를 더 채워 넣느니 차라리 같은 말을 몇 번이고 반복해서 가사의 밀도를 높인다. 노래가 일종의 기원이나 주문(呪文)과 같은 효과가 있다는 점에서 더 효과적일 수도 있다. 음식이 손님의 입에 들어갔을 때 거슬릴 만한 것을 모두 제거해서 요리의 완성도를 높이는 요리사나, 흠이 있는 도자기를 모두 부숴버리는 도공의 심정도 비슷하지 않을까? 이런 빼기의 기술을 익히는 과정이 나에게는 음악 일을 익히는 과정에서 중요했다. 완성한 노래를 들으며 '그래도 이 정도면 괜찮을 것 같다.' 하는 기준이 생겼을 때,

노래 만드는 사람으로서 어느 정도 일에 익숙해졌다고 느꼈다.

하지만 글을 쓰면서는 그런 전략을 취하기가 어려웠다. 일단 긴 글을 정기적으로 연재하는 일 자체가 익숙하지 않았다. 노래는 완성해야 부를 수 있는 것이지, 특정한 일정에 맞춰서 만들 수 있는 것이 아니다. 써야 하는 글의 분량도 문제였다. 노래 한 곡의 가사야 몇 줄이나 될까 하는 정도지만, 산문을 기고할 때는 못해도 수십 매를 채워야 하는데 원체 적은 글밥에 빼기를 할 여지는 어디 있으며 그렇게 늘리고 늘려 쓴 글 가운데 구멍난 곳은 또 얼마나 많겠는가. 매번 마감일이 다가올 때마다 30분짜리 곡을 3분 만에 녹음해서 만드는 심정으로 글을 쓰고 있으니 울고 싶을 지경이었다.

한동안 "산문은 제가 좀, 쓰기 어려워서요." 하고 글 청탁을 거절하던 시기가 있었다. 공들여 가사를 쓰고 노래를 만드는 모습을 좋게 보고 해준 감사한 제안들인데, 그때는 글쓰기에 대한 부담을 감당하기가 어려웠다. 하지만 꾸준하고도 다정하게 제안해준 분들이 있어서, 미숙하고 어려워도 한번 도전해보자는 생각으로 글을 쓰기 시작했다. 그동안

글솜씨가 크게 좋아지지는 않았지만 매번 찾아오는 마감은 나 자신을 돌아보는 기회가 되었다.

내가 쓴 글은 대부분 요점만 반복한다. 이렇게 저렇게 길게 써보지만 사실 처음 생각을 정리하면서 한 줄로 썼을 때 가장 좋아 보인다. 이것은 한 문장에 모든 것을 담는 가사를 주로 써온 나의 경험에서 비롯했을 수도 있겠다. 다양한 직간접적인 경험을 잘 녹여내지 못한 탓일 수도 있다. 뭔가 더 써보려고 하다가 비루한 속을 들키지 않게 조심하는 심정이 반영된 것 같기도 하다. 그러다 보니 컴퓨터 화면에 글이 한 줄 한 줄 늘어날수록 내용은 더 얄팍해지는 것 같다. 아이러니하게도 잘 쓰고자 하는 마음이 클수록 내 글은 이도 저도 아닌 상태가 되었다.

그래서 요즘에는 글을 쓰기 정말 힘들 때 수제비를 떠올린다. 속에 든 것을 잘 감싸지 않아도, 아니, 속에 든 것이 없더라도 내가 가진 반죽을 적당히 얇고 보들보들하게 밀어서 뚝— 뚝— 떼어 넣어버리자고. 평생을 조금 덜 솔직하게 노래를 만들었으니 글은 그냥 솔직하게 써보자고. 그게 잘 안 되는 건 어쩔 수 없는데, 그래도 수제비를 생각하면서 무엇이든 계속 써보면 과정이든 결과든 조금은 나아지지 않을까?

그렇게 마음먹고 돌아보니 그동안 나 자신을 너무 드러 낸 것 같아 걱정했던 노랫말도 꽤나 조심스럽게 느껴진다.

완벽하지 않은 채로 써나가기

최근 원고를 작성할 때 클라우드로 연동되는 문서 작성 앱을 사용한다. 스마트폰에 기본으로 깔려 있는 메모장 앱도 기능은 비슷하지만 기기에 따라 연동되지 않는 경우가 있기 때문에 사용하는 목적에 따라서 몇 가지 앱을 함께 쓴다. 장점이 많다. 예전에 워드프로세서 프로그램으로 글을 쓸 때는 반드시 원고용 컴퓨터를 챙기거나 파일을 어딘가에 저장해 다녀야 했는데, 이제는 특정 단말기를 챙기거나 파일을 따로 저장하지 않아도 어느 환경에서나 쓰던 글을 이어서 쓸 수 있다. 누워서 스마트폰으로 쓰던 내용을 작업실 컴퓨터에서도 이어 쓸 수 있다. 갑자기 생각난 단어를 스마트폰 메모장에 기록해두거나 녹음했다면 나중에 노트북에서도 그 단어를 확인할 수 있다. 작은 USB에 이런저런 파일을 저장해 다니던 시절을 생각하면 '혹시나 이 작은 저장장치를 잃어버리면 어쩌지?' '고장 나지는 않을까?' 하고 걱정하지 않아도 되어 아주 편리하다.

 물론 그렇게 편리한 도구들이 글쓰기를 더 쉽게 해줬냐 하면, 그건 아닌 것 같다. 다양한 기능을 갖춘 프로그램과 가볍고 편리한 기기가 늘어났지만, 스마트폰이나 컴퓨터를 사용하다 보면 주의를 빼앗기기 쉽다. SNS에 들락날락하고 영상 시청, 게임 플레이 등등 할 것은 얼마나 많은지. 다양한 기능과 편리함을 갖춘 것이 꼭 유용하지는 않다는 걸 매번 느낀다. 컴퓨터 프로그램으로 거의 대부분의 음악 작업을 편하게 할 수 있지만, 아직까지 아날로그 방식으로 작업하는 사람이 많은 이유도 같은 맥락에서라고 생각한다. 특히 신시사이저나 드럼머신 같은 경우는 사실상 컴퓨터로 대체할 수 있음에도 많은 뮤지션의 작업 도구로 여전히 사랑받는다. (나 역시 이번에 드럼머신을 한 대 주문했다.) 기타나 베이스 같은 악기에 사용하는 이펙터도 마찬가지다. 다양한 이펙트를 바꾸어가며 사용할 수 있는 디지털 이펙터가 편리함을 무기로 점점 더 많이 쓰이고 있다. 예전에는 아날로그 이펙터보다 기술력에 있어 한참 부족하다는 평이 많았지만 지금은 그렇게 말하기 어려운 수준까지 발전했다 보니 더 많은 디지털 이펙터 제품이 인기를 얻고 있다. 그럼에도 기능이 한 가지인 이펙터 페달이 여전히 사랑받는 이유는 그런 단순함이 주는 장점이 여전하기 때문일 것이다. (나 역시 이번에 네 대를 한 번에 주문했다.)

사실 예전에는 새롭게 등장하는 디지털 기기와 기술에 지금보다 관심이 더 많았다. 초등학생 때부터 필기가 너무 하기 싫어서 '언젠가는 타자기로 수업 필기를 하고 싶다.'라고 일기에 쓴 적도 있다. (그 일기는 또 공책에 썼네.) 그런 염원이 간절해서였을까? 입대 전쯤에는 가사를 쓰기 위해 핸드헬드(Hand-Held) PC인 모디아를 구입하기도 했다. 손바닥만 한 터치스크린 모니터와 제법 타건감이 좋았던 키보드를 장착한 이 컴퓨터로 〈졸업〉〈변두리 소년, 소녀〉 등의 가사 초고를 쓰고 고치고 정리했던 기억이 난다. 그때는 노트북 무게가 2~3킬로그램은 거뜬히 넘던 시절이었으니 핸드헬드 기기가 얼마나 신기하고 편했는지. 이 조그만 기계를 가방에 넣고 다니면서 열심히 기록했다. 엉망진창인 글씨로 노트에 적은 내용 중에서 쓸 만한 것을 옮겨 적었는데, 모니터에 반듯하게 써진 가사를 보면 그 내용도 왠지 더 잘 쓴 것처럼 보였다. 파일로 만들어서 저장하면 이후에 수월하게 찾을 수 있었고, 수정도 간편해서 정말 좋았다. 이후 노트북과 스마트폰을 구입하면서 작사에 필요한 모든 과정은 이 두 기기로 했다. 지금까지도 계속 백업하며 사용하는 스마트폰 메모장의 목록 가장 앞 부분에는 브로콜리너마저 2집의 가사와 합주 녹음 파일이 있다. 그러니까 그 이후 가사는 대부분 종이를 거치지 않고 만들어졌다.

자신만의 작사 방법이 있냐는 질문에 "아이디어를 기록

해두지 않은 채로 머릿속에서 계속 생각하면서 기억에 남은 말만 추려내 가사로 만든다."라고 답한 적이 있다. 아마도 이 시기 이후에 정립한 방법이었을 것이다. 그때는 기억력도 좋고 작업에 좀 더 집중할 수 있었던 시기였기 때문에 가능했을 방법이다. 지금도 스마트폰 메모장에 있는 수백 개의 가사 조각에 어떤 내용이 있는지 대략 알고 있다. 가사라는 것이 아무래도 다른 종류의 글보다 함축적이고 짧다는 점도 한몫했을 것이다. 가사를 수정하면서 어설펐던 초안이 지워지고 완성에 가까운 내용만 남는 것이 좋았다. 가사를 더 많이, 더 잘 쓰기 위해 디지털 도구를 점점 자주 사용했지만, 양으로 따지면 종이에 기록할 때보다 더 적게 썼다.

최근에 많은 창작자가 그러하듯 나 역시 노트를 다시 사용해야 할까 고민하고 있다. 이제까지는 글씨에서 나의 못난 모습이 너무 많이 보여서 그 내용을 머리에만 정리해 기억했다면, 이제는 그런 망설임을 수집할 때가 아닌가 싶다. 손으로 쓴 글씨는 지우거나 찢어버리지 않는 한 어쨌든 남아 있을 테니까. 지우거나 찢는 것도 디지털 기기에 쓴 것보다는 어려울 거고.

새로 산 노트북은 구입한 지 1년도 되지 않았는데 백스페이스가 반질반질하다. 그래서일까, 자판을 거쳐서 나온 문장은 내가 실제로 망설이고 돌아간 길이 아니라 내비게이션의 최단 거리를 알려주는 것 같다. 더 오래 많이 쓰기 위해서는 단어들 사이의 방황과 실패도 받아들여야 한다는 것이 내 결론이다. 물론 노트를 쓴다고 해서 쉽게 해결될 문제는 아니라는 것도 잘 알고 있다.

그 어떤 신비로운 가능성도

희망도 찾지 못해 방황하던 청년들은

쫓기듯 어학연수를 떠나고

꿈에서 아직 덜 깬 아이들은

내일이면 모든 게 끝날 듯

짝짓기에 몰두했지

난 어느 곳에도 없는 나의 자리를 찾으려

헤매었지만 갈 곳이 없고

우리들은 팔려 가는 서로를 바라보며

서글픈 작별의 인사들을 나누네

이 미친 세상에 어디에 있더라도 행복해야 해

넌 행복해야 해 행복해야 해

이 미친 세상에 어디에 있더라도 잊지 않을게

잊지 않을게 널 잊지 않을게

브로콜리너마저, 〈졸업〉

카세트테이프 녹음기

주말에는 아이와 게임을 한다. 그중에서 가장 좋아하는 게임은 '드래곤 퀘스트' 시리즈다. 일본식 롤플레잉 게임의 원조라고 할 수 있는 이 시리즈 중에서 비교적 최근에 나온 외전인 '드래곤 퀘스트 빌더즈 2'를 함께 플레이한 지도 이제 거의 1년이 다 되어간다. 엔딩은 진작에 보았고 눈물도 조금 흘렸지만, 그 뒤에도 즐길 거리가 많아서 아직까지 플레이하고 있다. 워낙 유명하고 오래된 시리즈인 만큼 게임 이야기만 해도 할 말이 많지만, 오늘은 게임 음악에 대해 이야기하려고 한다.

게임은 주말에만 하고 평일에는 하지 않는 것이 우리집의 약속이다. 그런데 평소에도 게임 음악을 듣고 싶다는 아이의 요구 사항이 있었다. 요즘 세상엔 뭐든 검색해서 쉽게 찾을 수 있겠거니 했지만, 여러 음원 사이트를 뒤져봐도 아이가 듣고 싶어 하는 게임 음원을 구매할 수 있는 곳은 없었다. (내가 어릴 적엔 게임 음악을 게임 전문 잡지에서 부록 CD로 제공한 적도 있었는데.) '어떻게 하면 좋을까?' 하고 고민하는데, 아이가 게임할 때 나오는 음악을 평소에 사용하는 아이패드로 녹음하면 어떻겠냐고 제안했다. 가끔 음성 녹음 기능을 이용해서 우리의 대화를 녹음한 적은 있는데, 스피커에서 나오는 음악을 녹음하는 일은 처음이라 생경하고 기분이 조금 이상했다. 디지털 시대에 우리는 보통 파일을 복사하거나 스트리밍 서비스의 링크를 공유해서 음악을 전달하곤 하니까. 음악 제작업을 하는 사람으로서 이런 녹음 방식은 음질이 열화(劣化)될 가능성은 크지만 흥미롭다는 생각이 들었다.

게임을 플레이하면서 스피커에 아이패드를 갖다 대고 게임 음악을 녹음했다. 다행히 음악 작업용 스피커를 사용해서 음질은 나쁘지 않았다. 직접 녹음하게 했더니 꽤 진지한 표정으로 레코딩에 임하는 아이의 모습이 그럴듯했다. 다 끝난 뒤에 아이가 직접 파일 앞뒤의 자투리를 잘라내고 독수리 타법으로 제목을 적었다. 그 모습을 보니 기술적으로는 전혀 다르겠지만 예전에 라디오에서 나오던 음악을 카세트테이프에 녹음하던 때가 생각났다. 라디오에서 원하는 음악이 나오길 기다렸다가 녹음 버튼을 누르고, 견출지를 붙여 카세트테이프에 곡명을 적던 것과 감성적으로는 거의 비슷하지 않을까? 디지털 기기를 사용하지만 지금 이 시점에 이렇게 원초적인 방법으로 기록하는 경험은 이 친구에게 어떤 의미로 남을까?

음악 작업 초기, 내가 사용했던 수단은 카세트테이프였다.

집에서 컴퓨터로 음악 제작이 가능했던 시기였지만 일종의 과도기로 아직 한계가 많았고, 운 좋게 네 개의 트랙을 따로 녹음해서 작업할 수 있는 카세트테이프 녹음기를 싸게 구할 수 있었기 때문이다. 몇 년 뒤 음악 작업을 컴퓨터로 어느 정도 안정적으로 할 수 있기 전까지는 그렇게 데모 테이프를 만들어보곤 했는데, 그때 만든 게 나중에 밴드 브로콜리너마저를 결성하고 발표한 〈편지〉〈봄이 오면〉〈꾸꾸꾸〉 같은 노래들이다. 드럼을 한 트랙에 녹음하고 기타와 베이스를 녹음하면 노래를 위한 트랙 하나가 남는다. 혹시라도 건반이나 다른 멜로디를 넣고 싶다면 노래 트랙에서 노래가 나오지 않는 빈자리를 이용하거나 다른 트랙에 겹쳐 녹음하는 수밖에 없다. 연주를 틀리면 처음부터 다시 해야 했고. 그런 한계가 오히려 창작열에 불을 붙이기도 했다. 지금은 컴퓨터로 수백 트랙을 녹음할 수도 있지만 그것이 음악 작업에 항상 유리한 조건인가 하면, 그렇지는 않은 것 같다.

  최근에도 음반 제작과 발매에 카세트테이프를 사용하는 경우가 왕왕 있다. 우선 작업 과정에서 카세트테이프로 녹음할 때 생기는 음질의 열화를 음악적으로 의도하기도 한다. 음색이 따뜻해진다고 해야 할까? 물론 음질은 떨어지지만 듣기 좋은 요소가 생긴다. 그리고 앨범을 카세트테이프로 발매하는 경우도 있다. 최근 들어 이런 현상이 좀 더 자주 나타나는 분위기라 나도 최근에 카세트테이프 앨범 몇 개를 구입했다. 청취 과정에서 추억의 아날로그 감성이 떠오르는 효과가 있는 듯하고, 음질이 좋지 않고 재생하는 과정이 좀 불편하지만 그래도 처음부터 끝까지 듣게 되는 카세트테이프만의 매력이 있다. 그리고 요즘엔 카세트테이프를 대부분 소량 생산하기에 희소성도 있다. 그러다 보니 나만을 위한 음악으로 느껴지기도 한다.

카세트테이프를 음원 제작과 유통에 모두 적극 활용하는 뮤지션이 있는데, 바로 '선과영'이라는 듀오다. '복태와 한군'이라는 이름으로 오래 활동한 이들은 2022년에 첫 정규 앨범을 내면서, 펀딩에 참여한 사람들에게 직접 녹음한 카세트테이프 앨범을 리워드로 선물했다. 멤버 한군은 카세트테이프 녹음기를 이용한 앰비언트 사운드(ambient sound)* 작업도 꾸준히 하고 있다. 만들고 나누는 과정에 모두 카세트테이프를 적극적으로 이용하는 셈이다. 작업 과정을 들여다보니 그들이 사용하는 장비는 내가 갖고 있는 것과 같은 모델이었다. 처음 음악을 만들 때부터 사용한 그 장비가

---

* 자연적으로 발생하는 소리를 이용해 만든 음원.

여전히 책상 바로 위, 눈에 잘 보이는 곳에 있지만 막상 작업할 때는 컴퓨터를 이용한다.

   편리함을 이기기 어렵다는 것을 잘 알고 있다. 하지만 가끔은 그렇게 돌아가는 방법을 통해서만 얻을 수 있는 것도 존재한다고 생각한다. 다만 그렇게 돌아가도 괜찮을까 걱정해야 할 만큼 우리에게 여유가 없는 것이 문제일 뿐.

애플워치로 능숙하게 악상을 메모할 수 있다면

폭우가 내리던 날, 영화 〈헤어질 결심〉을 봤다. 아주 오랜만에 영화관에 갔는데 날씨는 좋지 않았지만 즐거웠고 영화도 재미있었다. 영화 내용과 별개로 인상 깊었던 장면은 애플워치를 사용해서 음성 메모로 사건을 기록하는 해준(박해일 분)의 모습이었다. 이제까지 보았던 영화 속 형사들은 수첩에 메모하는 모습을 보였다. 그러나 최신 장비를 잘 사용하는 형사의 모습을 막상 봐도 전혀 어색하지 않았다. 오히려 영리하고 효과적인 방법으로 보였다. '나도 한번 써볼까?' 하는 생각이 들 정도였으니까.

다른 직업도 마찬가지겠지만 싱어송라이터에게 메모장이란 그 무엇보다도 중요한 장비다. 떠오른 가사나 아이디어를 식당의 냅킨에 기록했다는 어느 뮤지션의 일화는 꽤 유명하다. 갑자기 떠오른 생각이 휘발되기 전에 기록하려고 항상 메모장을 휴대한다는 동료가 많다. 메모하기에 적합한 휴대성과 편의성과 심미성을 가진 노트를 섬세하게 골라서 사용하는 사람은 특히 대단하게 느껴진다. 나도 스마트폰을 주된 기록 도구로 사용하기 전까지는 손바닥만 한 노트를 항상 들고 다녔다. 그렇게 메모한 것들이 브로콜리너마저 1집과 이후 몇몇 곡의 노랫말이 되었다.

큰 변화가 있었던 때는 2010년 등장한 아이폰을 구입하고부터였다. 텍스트를 기록하고 저장, 공유할 수 있고 음성 녹음까지 가능한 스마트폰을 사용하지 않을 이유가 없었다. 사실 어린 시절부터 글씨체가 고르지 않아 글씨 쓰는 것을 싫어했었다. 대학생 때는 이런저런 것들을 타이핑으로 기록하고 싶어서 키보드가 달린 손바닥만 한 휴대용 컴퓨터를 구입해서 사용한 적도 있다. (앞서 언급한 '모디아'.) 지금 생각하면 그다지 완벽한 도구는 아니었던 것 같지만. 스마트폰을 사용한 이후로는 다시 종이 노트를 사용한 적이 많지 않다.

그런데 스마트폰이 메모장으로써는 더할 나위 없는 편의성과 보존성 그리고 휴대성에서 큰 장점이 있음에도 이후 나의 메모 내용은 더 나아졌는가? 그렇지 않다. 오히려 물리적인 제약이 없어지고 나서야 중요한 것을 깨달았다. 급하게 떠오른 것을 기록해야 하는 상황에서 메모하는 습관이 없다면 그리고 어디까지 메모해야 할지 판단할 수 없다면 모호하게 떠오른 생각을 글로 빠르게 전환할 수 없다는 사실이다. 어떤 이들은 생각난 것을 자연스럽게 줄줄 써내려가기도 하던데, 아마 그들은 운동장에 돌멩이로도 메모를 잘할 것이다. 머릿속에서 한번 정리하지 않으면 기록의 단계로 넘어갈 수 없는 나 같은 사람에게 메모는 본질적으로 생각보다 힘든 일이라는 것을 그제야 알게 되었다.

일상의 말과 생각 중에 섞여 있는 진주 같은 것을 감지할 때가 있다. 그런데 '진흙을 털어내고 주머니에 넣어야지.' 하는 순간에 진주가 사라져버린다. 그렇다면 진주를 일단 주머니 안에 잔뜩 쌓아놓고 나중에 정리하면 어떨까? 하지만 목표를 잃고 그냥 녹음해둔 파일들 속에서 그 당시 느꼈던 번뜩임을 다시 찾아내는 일은 없었다. 모든 순간은 내 소유의 기계 안에 있지만 마치 '바닷속에 깊이 던져버린 것 같은' 상태로 존재할 뿐이었다.

예전에는 그렇게 아이디어가 휘발되고 마는 것이 도구의 문제라고 생각했다. 글씨가 못나서, 쓰는 속도가 느리니까 메모를 잘 못하는 거라고. 손에 감기는 작은 노트와 필기감이 매끄러운 펜이 없어서, 전자수첩 같은 최신 장비가 없어서라고. 하지만 그런 것들을 구할 수 있게 되었고 스마트폰이나 녹음기도 발달해 더 편리해졌지만, 저장하기는 쉬워져도 메모 실력이 좋아지지는 않았다. 기록을 시작하는 단계부터 자판을 사용하는 디지털 세계는 애매하게 흘려 쓸 수 있는 손글씨보다 진입 장벽이 높았다.

다시 영화의 내용을 떠올리면서 상상해본다. 집중한 상태로 조용히 손목을 올려 음성 메모를 하고 잠들기 전 다시 들어본 음성 메모에서 단서를 건져내는 해준의 모습을. 하지만 단호한 음성으로 핵심을 바로 메모할 수 있다면, 구닥다리 형사 수첩으로도 같은 수준의 일을 해낼 수 있을 것이다. 영화 속 해준이 서래(탕웨이 분)의 말을 이해하는 데 영화의 후반을 전부 소모했듯이, 어떤 메모는 쓰는 과정보다 읽는 과정에 더 많은 시간이 걸린다. 해준은 형사로서 능숙하게 메모했지만 사랑에 빠진 사람으로서는 그러지 못했다. 노래를 만드는 사람으로서 나는 어떠한지? 일단 애플워치를 구입할 계획은 보류해두었다.

공업탑은 울산에 있는 회전 교차로의 이름입니다. 정확히 말하면 둥글게 생긴 교통섬 가운데 있는 조형물이 공업탑이라고 하네요.

브로콜리너마저의 새로운 곡 〈공업탑〉은 사실 울산의 공업탑을 배경이나 모티브로 한 곡은 아닙니다. 보통 '로터리'라고도 부르곤 하는 회전 교차로가 불러낸 생각들에 대한 이야기라고 보는 것이 더 정확할 것 같습니다.

둥글게 돌아가는 길을 보면서, 돌아가고 돌아오는 일들을 생각합니다. 그 길은 저 끝이 금방 보이는 짧은 길이면서, 동시에 끝없이 돌고 도는 길이기도 합니다. 아마 운전에 서툰 초보 운전자라면 나가야 할 타이밍을 잡지 못하고 계속 빙글빙글 돌고 있을지도 모릅니다. 미련이 많은 사람에게 어떤 기억은 참 빠져나가기 힘든 일인 것처럼요.

때로 다시 만나지 않을 사람이라고 생각할 때 미련은 더 커지기도 합니다. 그들이 정말 다시 만난다면 영원처럼 긴, 짧은 산책길을 걸으며 이것이 더 이상 지속되지 않는다는 사실을 확인할 뿐이라는 것을 아니까요.

다시는 만날 수 없으리라, 그리고 만난다 하더라도 결국 이루어질 수 없으리라는 생각은 추억으로 하여금 끝이 없는 로터리를 계속 돌게 합니다.

사놓고 끝내 열지 못한 채 박스만 구겨진 한정판 제품, 다시 보지도 않지만 지우지 못한 B컷 사진들, 체육 시간이 끝나고 목이 마르면 어쩌지 하고 남겨놓은 채 쉬어버린 얼린 보리차, 마지막으로 꼭 하고 싶었지만 하게 되면 마지막이 될까 봐 하지 못한 말들처럼.

「공업탑」 소개문

내돈내산 바른 생활

"야, 이거 내가 써봤는데 진짜 대박이야."

직접 써보고 추천하는 것이 제품 홍보의 대세로 자리 잡은 것 같다. 소위 '내돈내산'이라는 것인데, 사용기 형식의 홍보가 넘쳐나는 세상에서 그나마 다른 사용자의 사용 경험을 좀 더 신뢰하게 되기 때문이다. (물론 그중에서도 의도적으로 만들어진 정보가 여전히 있다고 생각한다.)

이런 사용기를 올리는 사람들은 새로 출시된 제품을 빠르게 경험하는 일을 즐기는 것 같다. 새로운 것을 잘 시도하지 않는 사람으로서, 겁내지 않고 일단 시도해보는 그 용감함이 부럽다. 그래서 나도 가끔은 용기를 내볼 때가 있다. 물론 결과가 항상 좋지만은 않다. 나에게는 아직 더 많은 실패를 감당할 용기가 필요한 것 같다. 그래야 성공의 경험도 늘어나겠지.

하지만 내게도 멋진 성공 사례가 있다. 바로 가장 좋아하는 청소 도구인 '손을 대지 않고도 짜낼 수 있는 밀대 걸레'다. 가볍고 걸레의 면적이 충분히 넓어 물기를 적당히 머금기에 먼지를 잘 흡착하면서도 걸레에서 물이 흘러내리지도 않는 제품이다. 흐르는 물에 먼지를 씻어내고 짜내서 물기를 없애는 일도 손대지 않고 할 수 있다. 구석진 곳이 많아 옷이나 이불에서 생긴 먼지가 유독 많이 쌓이는 우리 집에

실로 특화된 제품이다. 원래 손걸레를 자주 사용해왔고, 성능이 좋은 휴대용 청소기도 있지만 그보다도 훨씬 간편하게, 침대 밑까지 청소가 가능한 이 밀대 걸레는 지난 1여 년간 나에게 가장 유용하고 효과적이며 가격 대비 최고의 만족감을 준 제품이다. 이 제품을 써보고 몹시 기쁜 나머지, 하나 더 구입해 작업실에도 비치하고 멤버들에게 영업했다. 처음에는 반신반의하던 친구들도 내가 사용하는 모습을 보고서는 당장 구입해 잘 사용하고 있다고 한다. 내가 만들지는 않았지만 좋은 물건을 발견하고 소개한 것만으로 기분이 좋아진다. 더 열심히 쓰고 알리고 싶은 마음에 벅차오른다. 이런 게 바로 '입덕'이구나. 아, 이런 마음이 들게 하는 음악을 내가 만들어야 하는데!

서툰 목수가 연장 탓한다고, 적절한 도구가 없어서 무언가를 잘 못하고 안 하는 거라고들 말한다. 내 경우에는 음악 작업도 마찬가지고 특히 청소도 그랬는데, 효과적이고 편리한 도구가 있으면 더 잘할 수 있을 거라고 생각했다. 로봇 청소기가 있으면 더 수월하게 청소할 줄 알았는데, 막상 구매하고 보니 로봇 청소기가 청소할 수 있게 큰 물건을 미리 정리하는 일이 생각보다 번거로웠고 청소도 충분히 되지 않았다. 무엇보다 문턱 때문에 청소 범위가 제한적이었다. 거기다 집이 워낙 작아서 로봇이 자동으로 청소를 해준다고 해도 큰 의미가 없었다. 걸레로 온 집 안을 닦는 데 5분도 안 걸릴 정도였으니까. 그래서 한동안 손걸레와 소형 청소기로 청소를 해왔다. 하지만 그 정도의 도구로 집 전체를 다 청소하기에는 조금 부담스럽다 보니 청소하는 빈도가 점점 낮아졌는데, 새로운 밀대 걸레는 그야말로 혁신이었다.

물론 제일 중요한 건 도구에 상관없이 일단 청소를 하는 것이다. '어떻게 하면 더 좋을까?' '이렇게 하는 게 잘하는 걸까?' 등등 이런저런 생각을 하다 보면 결국 아무것도 못 하고 시간만 흐른다. 음악 작업을 할 때도 어떤 프로그램으로 데모 곡을 녹음하면 좋을지 고민하는 데 한참을 보내기도 했다. (결국엔 스마트폰의 녹음 앱을 사용했다.) 최근에는 컴퓨터를 바꾸려고 고민만 하다가 몇 달을 보냈다. 음악 작업용 오디오 인터페이스도 교체해야 할 것 같은데 자꾸만 어떤 선택이 좋을지 고민하다가 시간만 흘렀다. 그러다 보니 신제품이 출시되어 또 고민하는 악순환이 계속됐다. 나름 궁리하는데도, 어떻게 보면 가장 좋지 않은 선택을 한 셈이다. 작업이 늦어지고 있으니까. 그냥 하면 되는데, 그게 왜 안 되는 걸까?

뭐라도 해내고 싶지만 작은 것들이 자꾸만 눈에 밟혀서 한걸음도 앞으로 나아가지 못할 때가 있다. 스트레스를 엄청 받으며 시간을 보냈는데 해야 할 것을 아무것도 해내지 못하면 자괴감이 크게 든다. 스스로가 너무 엉망이라는 생각이 들면 떠올랐던 아이디어를 기록하기도 전에 '별로야.'라는 책망이 먼저 입력된다. 컴퓨터 화면에 반짝거리는 커서를 바라볼 뿐이다. 도망가고 싶고 숨고 싶은데, 누워 있어도 잠이 오지 않는다. 혹은 잠에서 깨어나지 못한다.

그런 날에는 각자 손에 익은 도구로 청소하면 좋겠다. 물론 청소도 잘 안될 때는 큰 좌절감을 준다. 정리정돈을 한 번에 다하려고 하면 한숨만 나오니 일단 책상을 치우거나 바닥을 닦자. 뭐라도 해낸 것에 집중하면 기분이 좋아진다. 무려 바닥을 걸레질하다니! 정말 대단하다. 왠지 공기도 맑아진 것 같다. 걸레에 붙어 있는 머리카락과 먼지를 떼어내며 쾌감을 느끼고 나면 왠지 다른 일도 잘할 수 있을 것 같다. 물론 제대로 닦이지 않은 부분도 있고 정리해야 할 물건도 많지만, 60점짜리 결과물이라도 완성한다면 그것만으로도 충분히 앞으로 가고 있는 것이다. 아주 오랜 시간을 그러지 못하고 보낸 적도 있었다.

그래서 이런 이야기를 〈바른생활〉이라는 노래로 만들었는데 혹시 들어보고 괜찮으면 주변에도 추천을 부탁드린다. 뭐, 대단한 인생의 팁은 아니지만 직접 해보고 권하는 이야기다. "야, 이거 내가 들어봤는데 대박이야." "이 노래 대로 해봤더니 인생이 달라졌어요."와 같은 감상 후기도 기대해 본다.

아무것도 하지 못하고 방 안에만 있었지

정확히 말하자면 모든 것을 피해

도망가는 마음으로

입이 차마 떨어지지 않던 날들

답답했던 긴 시간 동안

나는 나를 돌보지 않음으로

무언가를 말하려 했지

그런 건 아무 의미 없는데

밥을 잘 먹고 잠을 잘 자자

생각을 하지 말고 생활을 하자

물을 마시고 청소를 하자

그냥 걸어가다 보면 잊혀지는 것도 있어

아름다운 풍경도 또다시 나타날 거야

브로콜리너마저, 〈바른생활〉

… 그래서 너무 고민하고 걱정하지 않았으면 해.

그냥 밥 잘 먹고 잠 잘 자기만 해도 돼. 눈앞에 놓인 일들 하나씩 하면서, 나를 돌보는 것만으로도 충분해. 항상 어떻게 하는 게 정답일까, 지금 나는 똑바로 하고 있는가, 걱정했지만 불안과 두려움을 이겨내는 힘은 그냥 살아가는 데 있는 게 아닌가 싶어.

지금 앞이 잘 보이지 않고 모든 게 불투명해도 이 순간을 어떻게든 잘 살아낼 수 있지 않을까? 캄캄해서 앞도 보이지 않던 새벽에 올랐던 산길처럼 막막해도 걷다 보면 땀이 날 거야. 해가 밝을 때쯤이면 어느새 정상이 가까워졌다는 걸 느끼게 될걸?

그냥 걸어가다 보면 잊히는 것도 있어. 아름다운 풍경도 또다시 나타날 거야.

「바른생활」 소개문

20_{20}

* 2020년을 마무리하며 썼던 글입니다.

2020년은 모두에게 힘든 해였다. 연말을 맞아 더 허무해지기 전에 1년 동안 있었던 일을 떠올려보았다.

상반기에 예정되었던 공연과 스케줄은 모두 취소되었다. 하반기에는 유래가 없을 정도로 일이 없었다. 연말에는 사회적 거리두기 확대(2.5단계)로 준비했던 공연을 모두 비대면으로 전환했다. 연초에는 코로나로 인해 회사 운영이 어려워져 스태프들과 아쉽게 작별해야 했고, 밴드 멤버 구성이 변동되기까지 했으니 내외로 정신없는 1년이었다.

하지만 올해 했던 일을 하나하나 정리해보니 놀랍게도 생각보다 많은 일이 있었다. 물론 예년에 비하면 활동에 제약이 많았고 힘 빠지는 순간도 많았지만 그래도 최선을 다해서 뭔가를 한 것이다. 공연은 취소되었지만 준비했던 곡을 음원으로 발표했다. 방역 지침을 따르다 보니 매출액이 반 이하로 줄었지만 지원금을 받아 다행히 여름 공연을 진행할 수 있었다. 수입은 없고 제작비만 드는 활동이었지만 꾸준히 온라인 공연을 만들었다. 공연 횟수나 기획의 종류만 보면 오히려 최근 몇 년과 비교했을 때 활동을 더 많이 한 것 같다.

그렇게 느낀 이유는 예년과 다르게 올 한 해 있었던 일을 기록한 덕이다. 지난해까지는 잘 기록하고 발표하기보다 속으로만 생각하는 편이었다. 흘러가는 것은 흘러가는 대로 그냥 두는 것이 좋지 않을까 생각했고, 굳이 말과 글로 덧대지 않으려고 했다. 그러지 않더라도 남을 만한 것은 남을 거라는 믿음이 있었다. 이를테면 "하지 않았다면 좋을 말들"이 많으니 하지 않는 게 좋고, "잊어야 할 일은 잊어"야 한다는 입장이었던 셈이다. 잊고 싶지만 잘 잊히지 않는, 잊어야 할 것을 잊어버리겠다고 이야기하는 곡을 수년에 걸쳐 써왔다.

하지만 생각해보니 애써 붙들지 않으면 남지 않는 것이 대부분이다. 어제 무엇을 했고, 몇 주 전과 몇 달 전에 어떤 생각을 했는지, 돌아보면 기억이 희미한 경우가 많다. 예전에는 가사를 쓸 때도 굳이 메모하지 않았다. 애쓰지 않아도 기억나는 것을 만들고 싶다고 생각한 적도 있지만, 지금은 매 순간 놓치고 있는 사소함이 아쉽다. 그런 사소함조차 없었더라면 2020년은 나에게 더욱더 가혹한 시간이었을 것이다.

가을이 훌쩍 깊어진 뒤에야 곡을 쓰기 시작해서 연말에 발표한 〈2020〉은 이제까지 만들었던 어떤 노래보다도 빠르게 작업했다. 보통 떠오른 주제나 아이디어를 명확한 가사와 멜로디로 구현하는 데 시간이 많이 걸리고, 다시 편곡 아이디어를 내고 앨범의 구성까지 생각하다 보면 몇 년씩 걸리는 일도 다분했다. 아쉽거나 모호한 것들이 정리될 때까지 하염없이 붙들고 있는 편이었는데, 그러다 보니 잊히거나 발매 시기를 놓친 곡이 꽤 된다. 중간에 잊히는 이유는 노래가 별로 좋지 않기 때문이라고 생각한 적도 있지만 이제 와 돌이켜보니 아쉬움이 크다.

노래를 만들고 부르는 일을 꽤 오래 해왔다. 시간이 지나면서 더 잘하고 싶다는 마음과 더불어 이전보다 더 나은 것을 만들어야 한다는 강박감이 생겼다. 그뿐만 아니라 사운드나 편곡에 대한 고민이 많아지면서 어려움은 커졌다. 시간이 지나면서 노래를 발표하는 간격이 늘어났다. 그에 비례해서 자신감도 줄어들고 '언제까지 음악 일을 할 수 있을까?' 하는 고민도 들었다. 2020년을 맞으며 쓴 메모를 찾아보니 "이제 다른 일을 알아보려고 한다."라고 쓰여 있다. 세상에. 하지만 그러기에는 시간이 너무 부족했다. 하루하루 닥친 일을 해내고 책임져야 할 일을 정리하다 보니 어느새 한 해가 지나 있었다.

당시에는 미처 깨닫지 못했지만 지금 생각해보면 "모든 것이 무너지고 있었"던 것 같다. 그 사실을 인정하기 싫어서 아무것도 할 수 없는 순간이 있었다. 그때를 감당하게 했던 것은 '잘하는' 것이 아니라 '해내는' 것이 아니었을까? 자꾸만 아쉬움이 드는 작업들, 시행착오로 가득했던 기획 과정을 생각하면 귀밑이 벌게지는 느낌이 들 때도 있었지만 끝나고 나서 보니 뿌듯하다. 포기하지 않고 시간을 견뎌내는 것만으로도 의미 있다는 것을 막상 코너에 몰리고 나서야 깨달았다. 그렇게 버텨내고 나면 희미했던 시간도 사라지지 않고 무언가가 되어 남을 것이다.

2020년은 쉽지 않았다. 많은 것을 내려놓았다. 함께했던 사람들과 아쉽게 작별했고, 늘 하던 일도 달라졌다. 앞은 더 보이지 않는데 돌아갈 길도 딱히 보이진 않는다. 하지만 코로나가 아니었다고 해도 이런 상황을 겪지 않았을 것 같진 않다. 조금 매정하게 바라보면 삶의 속도와 방향이 조금 달라진 것뿐일 수도 있으니까. 갑작스럽게 다가온 길고 매서운 한파 속에서 옷깃을 여미듯, 단단한 마음으로 다시 새해로 걸어갈 때다.

모든 것이 무너지고 있었지

천천히 기울어가는 하루 또 일 년

쏟아지는 햇살에 말라버린 풀처럼

더디 타버린 마음

우리 이제 그만 접을까

많이 버텼으니까

더 참다가 속마음을 들키고 무너지면

나 다시는 일어설 수 없을 것 같아

포기해도 괜찮지 않을까

차라리 투정 부리는 게 나을지도 몰라

희미해져가는 날들을 붙잡는 게 삶이라면

올해는

브로콜리너마저, 〈2020〉

우리는 끝없는 과정에 놓여 있어

가사를 쓸 때 아이디어를 얻기 위해, 일단 쓴 가사를 검증하기 위해 쓰는 나만의 방법이 있다. 문장을 반대로 뒤집어 표현해보는 것이다. 이를테면 이런 식이다.

잊어야 할 일은 잊어요.
→ 잊지 말아야 할 일은 잊지 말자.

우리 좋았었던 날은 모두 두고서야 돌아설 수 있었네.
→ 좋았었던 날을 모두 놓아두지 않고서는 돌아설 수 없다.

우리가 함께했던 날들의 열에 하나만 기억해줄래.
→ 우리가 함께했던 날의 십중팔구는 잊어버려도 된다.

조금 힘겨운 하루였다고 해도 언제나 그렇지는 않을 수도 있겠지.
→ 아닐 수 있겠지만 대체로 힘겨운 하루다.

엄밀한 규칙이나 방법이 있는 것은 아니다. 의미는 유지한 채 그저 문장의 관점을 정반대로 바꾸어본다. 1,000피스 퍼즐을 맞추다가 더 이상 맞출 만한 조각이 없어 보일 때 아무 조각이나 일단 갖다 대는 것처럼. 지나가는 차 번호판의 숫자들을 그냥 더해보는 것처럼. 때로는 단순히 순서를 반대로 놓아보기도 하고, 가끔은 원인과 결과를 바꾸어보기도 하고, 조금 더 논리적으로 수학 시간 때 배웠던 '대우'를 이용해보기도 한다.

어떤 문장은 뜻을 뒤집어 표현했을 때 별 의미 없는 말이 된다. '아, 이 문장은 아무 말이나 그냥 갖다 붙인 것이구나.' 하고 깨닫기도 한다. 어떤 문장은 표현을 달리해도 본래 의미가 변하지 않아서 같은 생각의 다른 버전의 표현이 되기도 한다. 그리고 가끔은 완전히 다르게 느껴지기도 한다. 다정한 말인 줄 알았는데 아주 슬픈 말이 되기도 하는. 위로의 메시지를 쓰다 보면 항상 그렇다. 곰곰이 따져보면 결국 거짓말이 되거나 말하기 불편한 진실이 숨어 있다. '정말 다 괜찮아지는 걸까?' '언제까지나 곁에 있어줄 수 있나?' 하는 질문을 참아내기란 쉽지 않다.

최근에 책장을 정리하다가 장예원 아나운서의 책 『클로징 멘트를 했다고 끝은 아니니까』를 다시 보았을 때도 이런 습관이 발동했다. 특별히 의도하지 않았는데도 머릿속에서

'끝이라고 해서 클로징 멘트를 할 수 있는 것은 아니니까.'라고 바꾸어 읽었다. 책을 읽을 때는 몰랐는데, 그렇게 읽고 나니 무척이나 슬퍼졌다. 정작 책의 내용은 그렇지 않은데 괜히 혼자 기분이 이상해졌다. (미안합니다. 장예원 아나운서의 새로운 도전, 이미 잘하고 있지만 파이팅!)

내 주변에서 일어나는 많은 일이 클로징 멘트도 없이 다가온다. '왜 다음 앨범이 안 나오지?' '왜 요즘은 활동이 뜸하지?' 하는 생각도 못할 때 누군가의 마지막이 와 있다. 그런 소식은 한참 뒤에야 들리거나 혹은 영영 들리지 않는다. "이번이 저의 마지막입니다."라고 말할 수 있는 끝은 차라리 아름답다. 그러기 쉽지 않은 것이 문제다. 더 해보기 위해서가 아닌 마무리하기 위해 남은 역량을 투입해야 하니까.

사람이 나이가 들면 자신의 마지막을 생각하게 된다는데, 꼭 삶 전체가 아니더라도 무언가 끝나고 시작되는 일을 고민하는 때가 있을 것이다. 앞으로도 좋은 음악을 계속 들려주고 싶은 마음과 언젠가는 자리를 떠나야 한다는 생각이 다툴 때, '클로징 멘트도 할 수 없는 상태로 끝을 맞이한다면 받아들일 수 있을까?' 하고 생각한다. 그런 상황에 놓인다면 애초에 선택권도 없을 테지만 그래도 지금은 결정할 수 있는 가능성이 없지는 않으니까. 아, 자신의 묫자리와 수의를 준비해놓던 어른들이 이런 마음이었겠구나.

이렇게 고민하는 대신 다시금 자신의 음악을 꾸준히 하겠다고 담담하게 선언하는 노래들이 있다. 끝을 받아들이고 정리 멘트를 준비하기보다는 다시 신발 끈을 매고 묵묵히 걷고자 하는. 래퍼 최엘비의 3집 앨범 「독립음악」은 좌절하고 포기할 수도 있었던 시간 속의 자신을 솔직하게 드러내고 다시 일어나고자 하는 이야기를 담고 있다. 브로콜리너마저는 앨범 마지막 곡인 〈도망가!〉의 가사를 함께 쓰고 피처링을 했다.

앨범 전반적으로는 오랜 시간 자신에게 있었던 열등감을 극복하고 스스로 서겠다는 메시지가 주였지만, 우리 밴드가 피처링을 의뢰받은 〈도망가!〉는 현실과 꿈 앞에서 갈등하는 모습을 담고 있어서 가사를 쓰면서도 남 일 같지 않았다. 어쩌면 최엘비보다 좀 더 일찍 음악의 길을 택해서 걷고 있지만 막상 그 꿈조차 또다른 현실임을 깨달은 입장이랄까. 젊은 뮤지션의 등을 밀어주고 싶은 마음? 썼던 가사는 노래라고 하기도 애매하고 랩이라고 하기도 애매하지만, 덕분에 작업하면서 나 역시 많은 힘을 얻었다고 이야기하고 싶다.

우리는 모두 끝없는 과정에 놓여 있으니까.

도망쳐서 도착한 곳에는

낙원은 없는 거라고

누군가 말했지만

사실은 이 길에 도착이란 건 없어

우리는 끝없는 과정에 놓여 있어

이 정도 하면 뭔가 보일 줄 알았는데

또 현실이 닥쳐온다

뒤는 내가 맡을게 일단 가

엘비야 돌아보지 말고 하나 둘 셋 하면

도망가

도망가

도망가

도망가

도망가 아무도 없는 곳으로 말이야

끝엔 뭐가 있을지 몰라 나도

네 꿈은 가져갈게

최엘비(feat. 브로콜리너마저), 〈도망가!〉

올해의 목표는 대충 하는 것

초등학생 때 일들이 이제는 가물가물하다. 몇 가지 사건이나 분위기 같은 것만 단편적으로 기억할 뿐이다. 그중에서 유독 기억에 남는 일이 있다면 '대충 끝내고' 사건인데, 그 전말은 다음과 같다.

나와 몇 명의 친구가 화장실 청소 당번을 맡았다. 초등학생에게 화장실 청소가 그렇게 쉽거나 유쾌한 일은 아니었지만 그럭저럭 충실하게 마치고 집으로 돌아갔다. 다음 날, 선생님이 우리를 불러서 화장실 청소를 그렇게 대충 하면 어떡하냐고 혼냈다. 할 만큼 했다고 생각했던 우리는 당황했고, 선생님이 워낙 강한 어조로 혼내는 바람에 내심 억울하면서도 움츠러들었던 기억이 난다. 하지만 이 정도로 끝났으면 이 사건은 좀 억울하게 혼난, 그저 그런 일로 정리되었을 것이고 크게 기억에 남지도 않았을 것이다.

이 사건의 억울한 점은 따로 있었다. 당시 청소를 제대로 하지 않았다는 근거가 한 친구의 일기였기 때문이다. 알고 보니 선생님이 일기장을 검사한 뒤 "청소를 '대충' 하고 집으로 갔다고? 그러면 어떡하니!" 하고 혼낸 것이었다. 그 친구는 청소를 일단 끝내고 집으로 갔다는 의미로 썼다고 주장했지만 그 말은 통하지 않았다. 얼추, 그럭저럭 같은 단어를 선택하지 못한 초등학생의 부족한 어휘력 때문이었을까? 선생님의 부족한 문해력 때문이었을까? 아니면 본인도 알면서 입장을 철회하지 못한 어른의 자존심 때문이었을까? 누구나 자라면서 어른들과 세상의 수준이 높지 않음을 깨닫고 실망하는 순간이 있을 텐데, 나에게는 그때가 아니었나 생각한다. 한편으로는 그가 지금은 자신의 흠을 깨닫고 받아들이는 어른다운 어른이 되었기를 바란다. 사람은 쉽게 변하지 않는다는데 어떻게 되었을지는 모르지만 말이다.

아무튼 그래서 '대충'이란 표현은 나에게 부정적 이미지였다. 뭔가 제대로 하지 않고 넘어가는, 그래선 안 될 것 같은 느낌의 부사. 그러나 '대충'의 사전적 의미는 그보다 더 중립적이고 실용적이다. '대강을 추리는 정도로' 하는 것이 대충 하는 것이다. 이렇게 보면 꼼꼼하지는 않다고 해도 무언가를 추려내는 것이 대단하지 않은가? 그러니까 뭐라도 일단 하는 것이다. 그 내용이 치밀하고 충실하지는 않더라도 어쨌든 해내는 것인데, 이것이야말로 직업 창작자가 갖추어야 할 덕목 그 자체다. '그래, 뭐가 되었건 어떻게든 완성해야지.' 하고 생각하던 마감의 시간들을 떠올리고 나니 그만큼 대단해 보이는 말도 없다.

결론적으로 '대충 하는 것'을 올해의 목표로 삼았다. 정확히 말하자면 '대충'보다는 '하는' 것에 방점이 찍히지만 말이다. 하고 싶은 것도 많고, 해야 할 것도 많고, 또 잘하고 싶은 마음에 항상 속으로만 분주한 날이 많았다. 올해는 일단 대충 하자고 마음먹고 몸을 분주하게 움직이려고 한다. 그렇게 일단 하는 것에 익숙해지고 나면 언젠가는 '대충'을 떼고 싶은 마음이 들지도 모른다. 누군들 잘하고 싶지 않을까. 하지만 조바심 갖지는 않으려고 한다. 하기도 전에 대충을 떼고 싶어 하는 순간, 무언가를 시작하기 어려워지는 게 아닐까 해서.

2장.
음악하는 사람입니다

노래에 물을 주듯

"아무래도 그 노래는 너무 많이 했는데, 이번엔 뺄까?"

공연을 앞두고 세트리스트를 준비하는 과정에서 으레 이런 대화가 오간다. 많은 공연을 치르면서 같은 곡을 수도 없이 연주하다 보면 왠지 너무 식상하게 느껴질 때가 있다. 하지만 그렇다고 새로운 곡을 공연마다 발표하기란 어려운 일이다. 그러려면 공연 횟수가 아주 적거나 신곡을 자주, 많이 발표해야 한다. 모든 뮤지션이 그렇지는 않겠지만 나를 포함한 많은 뮤지션이 이런 고민에 종종 빠지는데, 이것을 해결하는 전통적인 방법은 다음과 같다.

1. 편곡하거나 다르게 연출한다.
2. 다른 뮤지션의 음악을 커버하여 연주한다.

1번은 참신하면서도 매력적인 방법이지만 때때로 새로운 곡을 만드는 것 이상의 노력이 든다. 새로운 접근이 항상 좋지는 않은 것도 문제다. 어떤 노래는 여러 가지 이유로 '그런 편곡'일 수밖에 없는 경우도 있다. 게다가 새로운 편곡보다 원곡을 듣고 싶어 하는 관객이 많을 수도 있다. 그러면 2번 방법은 괜찮은가 하면, 꼭 그런 것도 아니다. 일단 다른 뮤지션의 곡을 재해석하는 데 역시나 그만한 노력이 필요하고 보통은 원곡의 아우라에 미치지 못하는 경우가 많기 때문이다.

　음악을 업으로 삼고서 오랜 시간 동안 식상해지지 않기 위해 고민했다. 새로운 곡을 만드는 속도는 점점 느려지는데, 무대에 설 일은 많아지면서 예전 노래에만 너무 의지하는 건 아닌지 걱정도 되었다. 그래도 언젠가부터 마음이 조금 편해진 것은 어디선가 이런 이야기를 듣고 나서다. 일설에 따르면 마이클 잭슨은 항상 그의 투어 연주자들에게 앨범과 완벽히 똑같게 연주하길 원했다고 한다. 관객들은 음원으로 들었던 바로 그 음악을 공연에서 듣고 싶어 하기 때문이라고. 이 이야기가 사실인지는 잘 모르겠고 '앨범과 똑같이 연주하는 것이 최선인가?' 하는 점에도 100퍼센트 동의하지 않는다. 하지만 적어도 항상 새로운 무언가를 보여주기 위해서 너무 조바심 느낄 필요는 없다고 생각한다.

　항상 새로움의 주인공일 수는 없다. 그럴 필요도 없고. 노래라는 것은 다르게 생각하면 반복되어 불릴 하나의 이야기 아닐까? 그렇다면 항상 새롭기 위해 애쓰지 않더라도 몇 번이고 반복해서 말해도 낡지 않는 이야기를 만들고 꾸준히 부르는 것도 의미가 있을 것 같다. 같은 이야기를 하더라도 매번 같은 사람이 듣는 것은 아니며, 있는지도 모르고 스쳐 지나갔던 노래가 한참 뒤에야 누군가의 마음에 스며들기도 하니까. '같은 노래를 좀 많이 부르면 뭐 어때. 대신 오랫동안 불러도 어색하지 않을 노래를 만들면 되지.' 하고 생각한다.

그 시절에는 잘 몰랐지만 시간이 지나고 보니 어울리지 않는 옷 같은 노래도 있었다. 나의 몸도 마음도 변하기 때문일 것이다. 반대로 생각하면 내가 부르는 노래에 걸맞는, 스스로가 던진 노랫말에 부끄럽지 않은 삶을 산다면 내가 입고 있는 노래가 유행하는 모양은 아니더라도 멋스러울 수도 있을 거다.

노래는 발표하는 순간 뮤지션의 손을 떠난다는 말에 나는 동의하지 않는다. 같은 노래를 같은 편성으로 부른다고 해도 매번 부를 때마다 노래는 달라진다. 심지어 녹음된 노래조차도 재생되는 맥락에 따라 의미는 달라질 수 있다. 한동안 크게 언급되지 않던 곡이 우연한 계기로 '역주행'하는 것도 그런 이유에서 아닐까? 그런 과정에서 노래에 지속적으로 가장 크게 영향을 줄 수 있는 대상은 역시 뮤지션 자신이라고 생각한다. 나는 시간이 지나면서 그의 음악과 삶을 더욱 존경하게 되는 선배 뮤지션들을 알고 있다. 그런 존경의 근거는 그가 언제 어떤 곡을 발표해서라기보다는 그가 어떤 행보를 보이는지에 있다. 반면 모두가 분노할 만한 잘못을 저지른 사람의 노래를 예전과 같은 마음으로 듣기는 어렵다.

'어떤 마음가짐으로 음악을 할 것인가'를 주제로 이야기 나눈 자리가 있었다. 그때 나는 나무를 심는 것처럼 음악을 하고 싶다고 이야기했다. 느리게 자라는 나무도 있다. 노래도 그렇다. 심자마자 『어린왕자』에 나오는 바오바브나무처럼 크게 자란다면 좋겠지만 그렇지 않더라도 긴 시간 동안 물을 주면서 기다릴 수 있기를 바란다. 물론 뭐, 크게 자라지 않을 수도 있지만 그래도 그 과정이 행복하기를 바란다. 어렵게 피워낸 꽃이 작고 희미해도 오랜 시간 공들여 키웠다고 자랑스럽게 말할 수 있다면 음악하기를 잘했다고 할 수 있겠지.

음악을 본격적으로 할 생각으로 발표했던 밴드의 첫 번째 정규 앨범 제목은 「보편적인 노래」다. 지금 와서 보면 무슨 용기로 지었을까 싶은 제목이지만, 한편으로는 음악을 하며 언젠가 도달하고자 하는 지향점을 이야기해주는 앨범명 같다. 앞으로 어떤 노래를 더 만들게 될지는 모르겠지만 이미 만들어진, 앞으로 만들어질 노래들에 물을 주듯이 살고 싶다.

보편적인 노래를 너에게 주고 싶어

이건 너무나 평범해서 더 뻔한 노래

어쩌다 우연히 이 노래를 듣는다 해도

서로 모른 채 지나치는 사람들처럼

그때, 그때의 사소한 기분 같은 건

기억조차 나지 않았을 거야

이렇게 생각을 하는 건 너무 슬퍼

사실 아니라고 해도 난 아직 믿고 싶어

이 노래를 듣고서 그때의 마음을

기억할까, 조금은

보편적인 노래가 되어

보편적인 날들이 되어

보편적인 일들이 되어

함께한 시간도 장소도

마음도 기억나지 않는

보편적인 사랑의 노래

보편적인 이별의 노래에

문득 선명하게 떠오르는

그때, 그때의 그때

브로콜리너마저, 〈보편적인 노래〉

누군가에게 고여 있는 노래

본질적 목표는 좋은 음악을 만드는 것이겠지만, 최근 대중음악 작업자에게 주어진 과제는 좋은 배경음악을 만드는 건가 싶을 때가 있다. 플레이리스트를 중심으로 적당한 분위기로 많이 그리고 편하게 들을 수 있는 음악이 주로 소비되고 매출도 높아졌기 때문이다. 예전처럼 음반을 구입하는 것보다 스트리밍 서비스 위주로 음악을 듣게 되면서, 음악 소비는 재생 횟수에 비례해서 이루어진다. 그러다 보니 계속해서 틀어놓을 수 있는 음악이 시장에서는 더 유리해 보인다.

사실 음반의 시대에도 이런 식의 기능적인 접근 방법이 없었던 것은 아니다. 배경음악으로 틀어놓는 음악은 가사가 명확히 들리면 오히려 부담스러울 때가 있다. 학창 시절에도 공부할 때 가요보다 팝송이나 연주 곡 위주로 듣는 친구가 많았다. 그런 친구들 사이에서 뉴에이지 음악이 인기였다. 카페의 배경음악으로 어쿠스틱한 팝이나 재즈 곡이 환영받는 이유도 그런 맥락일 것이다.

.

예전에 비하면 한 곡을 오래 듣는 경우도 많이 줄어든 것 같다. 음악 말고도 다양한 콘텐츠가 쏟아지고 사람들의 집중은 더욱 분산되는데, 노래는 어쨌거나 익숙해지는 데 시간이 필요하다. 청소년기에 들은 음악이 인생에서 가장 큰 영향을 준다고 많이들 이야기한다. 가장 감수성이 예민한 시기라 그럴 수도 있고 혹은 청소년기의 생활 패턴에서 음악이 비집고 들어갈 여지가 더 많아서 그럴 수도 있겠다.

멜로디와 가사가 익숙해지고 어떤 장소나 시간, 상황과 마음에 이르렀을 때 그 노래가 자연스럽게 떠오르는 현상을 나는 '노래가 사람에 고이는 과정'이라고 표현하고 싶다. 단지 어느 공간에서 음악이 재생되는 것과 마음과 입에서 노래가 흘러나오는 모습은 분명 다르다고 본다. 그래서 나의 목표는 누군가에게 고여 있을 수 있는 노래를 만드는 것이다. 같은 맥락으로 내 안에 가득 고이는 노래를 만나면 정말 기쁘다. 그것이 내가 만든 노래가 아니어도 말이다. 하지만 시대가 변해서든 누구나 나이를 먹기 때문이든, 노래가 사람들에게 머물기 점점 더 어려워지는 것 같다. 좋은 노래라고 해서 필요한 사람에게 반드시 닿는다고 할 수는 없겠지만 그런 기회가 더 줄어드는 건 안타까운 일이다.

그럼에도 갑작스러운 소나기처럼 마음을 온통 적시는 노래를 만나는 순간이 있다. 최근 SNS에서 친구가 자신의 이야기를 남기며 추천한 곡을 들었을 때 그런 감각을 느꼈다.

올해 초, 남들 모르게 많이 힘든 시간을 겪었다는 친구는 이제는 괜찮아졌다며 그 시간을 이겨내는 데 이 노래가 큰 도움이 되었다고 했다.

상담가로 일하는 이 친구는 코로나 시기에 온라인으로 상담을 진행했는데 쉬는 시간에 내담자들의 추천을 받아 음악을 함께 듣는다고 했다. 그러다가 오열의 〈강강〉이라는 곡을 들었는데, 눈물을 참을 수 없어 화면을 꺼야 했다. 주변에서는 항상 잘한다는 이야기를 듣지만 막상 스스로는 힘든 시간을 보내고 있던 그에게, 삶은 고개를 넘어가는 것 같다는 노랫말이 위로가 되고 힘을 주었던 것이다.

친구는 힘들었던 일을 이야기하면서도 결국 읽는 사람을 위로하는 내용으로 글을 마무리했다. 위로받은 사람의 이야기가 다른 사람들을 위로하는 마중물이 된 셈이다. 노래가 사람들 사이로 퍼져 나가고 공명하는 모습을 눈으로 본 것 같은 기분이었다. 〈강강〉은 그의 마음속에 고여서 회복의 매개가 된 동시에, 자신의 글을 통해 다른 이들의 가슴에 또다시 고이지 않았을까?

이 노래의 후렴 가사는 독특하게도 민요를 재해석했다. 〈아리랑〉이나 〈강강수월래〉 같은 익숙한 노래가 모여 조각보처럼 독특하고 아름다운 무늬를 만들어낸다. 오랜 시간 동안 수많은 사람을 거쳐온 노래는 그 형태가 선명하진 않지만 입속에서 셀 수 없을 만큼 굴려온 염원들을 담고 있다. 지금까지 남아 있는 민요는 얼마나 많은 사람의 애환을 담고 있을까? 노랫말은 의성어에 가깝게 변해버렸지만 그 속에 담겨 있는 마음은 그대로 전해지는 듯하다.

때로 날카로운 마음은 노래가 되기 전, 입안에 상처를 내기도 한다. 아름다운 울림을 지닌 단어는 많지만 노래에 담고자 하는 의미는 필연적으로 그 안에 들어가기 위해서 자신을 움츠려야 한다. 해변을 방황하며 닳고 닳아서 동그래진 유리 조각을 주워서 만져보면 느껴지는 것이 있다. 아마도 비교적 최근의 물건이었을 그것은 수만 년을 거쳐 다듬어진 돌과는 다르다. 이제는 부드러워진 모서리를 손으로 훑을 때 그것의 원형이던 유리병 조각의 서늘함이 느껴진다. 그렇게 만들어진 해변의 유리알은 원래의 모습을 잃었으되 가지고 있다고 볼 수도 있겠다.

좋은 노래가 더 많은 사람의 마음속에 고인 채로 살아 있으면 좋겠다. 때로 주변으로 흘러넘친다면 그 과정에서 노래는 닳고 닳아가며 생명을 연장할 것이다.

그렇게 긴 시간 모두의 목소리를 통해 조금씩 다듬어지면서 노래는 완성된다고 믿고 싶다.

그러니까 넌 나에게 숙제가 되지 마

얼마 전 중간평가가 끝났다. 이번 학기도 이제 후반부에 들어섰다. 내가 학생으로 다니고 있는 한국방송통신대학교*에서 몇몇 과목은 정해진 시간만큼 출석수업에 참석해 과제를 제출하거나 시험을 치르는 방식으로 평가를 진행한다. 아니, 그럴 것이다. 사실 코로나 시기에 학교를 다니기 시작했기 때문에 출석수업을 직접 경험해보지 못했다.** 기말평가 때도 원래는 수업에 출석해서 시험을 봐야 하는 과목이 있었는데, 지난 두 학기는 그 시험을 치를 수 없었다. 입학 후 지금까지 출석수업은 줌을 이용해 온라인으로만 진행됐다. 동영상 강의를 듣는 데 자신이 없어 출석수업을 기대했는데, 이마저 온라인 수업으로 대체되어 그런지 아직까지도 학교에 다닌다는 감각이 익숙하지 않다.

아슬아슬했다, 이번 학기는. 솔직히 고백하자면 벌써 몇 학기나 학업을 제대로 마무리하지 못했기 때문에 이번에는 잘하고 싶었다. 첫 학기에는 중간평가 이후 학업 외 일로 바빠지면서 진도를 전혀 따라가지 못했다. 심지어 기말평가

---

* 당시 법학과를 전공해 졸업했고 지금은 생활체육지도과를 전공하고 있다.

** 코로나 시기 이후에는 출석수업이 재개되었다.

과제의 제출일을 잊어버리기까지 했다. 그다음 학기는 나름 더 열심히 해보려 했지만, 한 과목만 남기고 다 포기할 수밖에 없었다. 그다음 학기를 시작하면서는 약이 올랐다. 학기 초에 억지로 시간을 더 내서 수업을 들었다. 권장 진도보다 빠른 속도로 수강했기 때문에 학기가 시작하고 두 달 정도 지난 시점에서는 '이 정도면 학기가 끝날 때까지 2회 공부할 수도 있겠다.'라고 생각한 적도 있었다. 하지만 거짓말처럼 중간평가 전에 바빠지면서 벌어놓은 시간은 사라졌고, 중간평가 과제도 간신히 마감할 수 있었을 뿐이었다.

바쁜 것만이 문제는 아니었다. 모든 것을 항상 마음에 들게 할 수 없다는 걸 알고 있다. 하지만 '이 정도로 부족한 과제를 제출해도 괜찮은 걸까?' 생각하다가 마감일을 놓친 과제가 너무 많았다. 교수님이 가볍게 내준 과제도 너무 어렵게 느껴졌다. 사실 당연한 일인지도 모른다. 잘 모르기 때문에 배우고, 공부하는 과정에서 배운 내용을 찾아보고 정리하면서 또 배우는 거니까. (너무 잘 알고 있는 것 같은데?) 핑계를 대자면 주입식 교육으로 점철된 학창 시절을 보내며, 오지선다에서 정답만 골라왔기 때문이 아닐까? 생각해보면 대학 생활도 비슷했던 것 같다. 그래서 음악하는 길로 온 건지도 모르지만.

꼭 과제할 때만 그런 것은 아니다. 일할 때도 그렇다. 내가 노래를 만들어서 연주하고 발표하는 일련의 과정은 보통 다음과 같다.

1. 메모하면서 아이디어를 떠올린다.
2. 그것들을 노래로 만든다.
3. 멤버들과 의논하면서 곡을 완성한다.
4. 음원을 발표한다.
5. 기존 발표 곡과 새로운 곡을 모아 앨범을 낸다.

그러니까 최소한 다섯 단계를 거쳐야 앨범이 만들어진다. 이 과정에서 내 마음속에 내가 만든 강력한 안티 팬들이 존재한다. 왜 안 되는지에 대해서 평생 이야기할 수도 있는 꼰대 상사가 너무 많다. '이대로 노래를 만들어도 될까?' '이대로 발매해도 될까?' '이대로 음원을 앨범에 실어도 될까?'

일을 오래 해왔다고 해서 더 좋은 것을 만들 수 있진 않다. 하지만 보는 눈이나 듣는 귀는 경력이 쌓일수록 예민해진다. 시간이 흐르면서 내 안의 실무자들은 비슷한 역량을 가진 채로 조금씩 지쳐가는데, 내 마음속 상사들의 안목은 점점 까다로워진다. 첫 앨범을 낼 때는 노래 비슷한 것을 만들면 그냥 발표했다. 하지만 3집 발매를 앞두고는 열심히 만들어 꽤 괜찮았던 일곱 곡이 단지 처음에 생각했던 콘셉트에서 조금 벗어나는 것 같다는 이유만으로 작업을 새로 시작하기도 했다. 그리고 4집 작업 과정에서도 비슷한 상황이 생겼다. 다만 3집 때는 4단계에서 멈췄다면 지금은 2단계에서 다시 처음으로 돌아갈 뿐.

그래서 제출하기에 부족하다고 느꼈던 과제는 어떻게 되었는가 하면, 할 수 있는 만큼만 하고 아쉬운 부분은 포기한 채로 냈다. 60점 정도 받을 수 있으면 좋겠다고 생각했지만 좀 더 냉정하게 보면 55점 언저리일 것 같았다. 직장 생활과 병행하여 대학원에서 공부도 하고 조교 일도 하는 친구는 그래도 뭐라도 내야지 점수를 줄 수 있다며, 잘했다고 내게 말했다.

미처 발표하지 못했던 곡들도 그렇겠지. 부담감을 내려놓고 60점만 받을 생각을 하면 곡 발표도 더 쉽게 할 수 있을까? 잘 만들면 괜찮을 것 같은데 마무리하지 못한 노래가 숙제처럼 느껴질 때, 더 이상 어떻게 할 수 없을 만큼 숙제가 많아질 때 포기하고 싶어지는 것은 아닐까? 그래서 음악이라는 숙제를 서두르기로 했다. 아니, 숙제로 생각하지 않으려고 한다. 엉망진창인 과제를 내고 나서야 신기하게 다시 수업 들을 마음이 생긴 것처럼.

이번에 녹음 작업을 하면서 알게 된 사실이 있는데, 많은 학교들이 졸업식을 1월에 하고 봄방학 없이 새 학기를 맞이한다는 사실이다. 늘 졸업하면 2월의 막바지를 떠올렸는데. 처음에는 좀 당황스러웠지만 그런 변화의 장점을 알게 되니 나쁘지 않다는 생각을 했다.

마지막으로 학교를 졸업한 지도 오랜 시간이 흘렀고 심지어 〈졸업〉이라는 노래를 발표한 지도 많은 시간이 흘렀다. 문득 그 순간을 잘 기억하고 여전히 새롭게 느끼며 노래를 하고 있는지 조금은 불안해지기도 한다.

누구나 삶의 궤적을 살아오면서 거치고 나면 잠시 멀어지는 것들이 있을 텐데, 졸업식 역시 그중 하나가 아닐까 생각한다. 한 번 두 번의 졸업을 거듭하며 우리는 분화되고 또 다른 길을 가게 될 뿐 되돌아가지는 않으니까.

하지만 매년 함께한 학생들과 헤어지는 선생님들은 어떤 마음일까. 마치 나무처럼 그 자리에서 해마다 피어나는 눈부신 친구들을 만나고 보내면서 나이테를 더해가고 있지 않을까. 선생님들의 눈에는 이 계절 꽃눈을 품고 눈을 뜨는 나뭇가지 사이로 지난 시간 동안 스쳐갔던 꽃잎들이 비처럼 흩날릴지도 모르겠다.

「졸업식이 끝나고」 소개문

직업으로서의 창작은 '괜찮지 않은 일'

최근 브로콜리너마저 3집 앨범을 발표했다.* 꽤 오랜만의 앨범인데, 따져보니 2집이 나온 지 8년 7개월 만이다. 첫 앨범을 내고 두 번째 앨범을 내기까지 2년 남짓 걸렸는데, 이번에는 그 몇 배가 훌쩍 넘는 시간이 걸려버렸다. 물론 그 사이에도 개인 작업을 하고 싱글 앨범을 발표하긴 했지만, 작업 속도가 전 같지 않은 건 사실이다. 그 시간의 차이가 좀 극적이기는 하지만 사실 뭐, 대단히 특별한 일은 아니다.

많은 뮤지션이 활동할수록 새로운 작품을 만드는 데 시간이 점점 더 걸리는 편이다. 우리 팀의 경우는 건강 문제와 출산, 육아 등 개인적인 이유가 있었지만, 이런저런 어른들의 사정을 제외하고 생각해보면 또 다른 근본적인 이유도 있었다. 음악을 하기 이전부터 쌓아왔던 것이 시간이 흐를수록 소진되고 그 자리를 새롭게 채워가는 데 과거보다 더 많은 시간이 걸리기 때문이 아닐까?

그래서인지 요즘은 새 앨범이 나오기 직전 박준 시인과 인터뷰에서 했던 이야기가 자꾸 머릿속을 맴돈다. 3집 앨범을 소개하는 동영상을 만들면서 박 시인은 우리에게 '하나의 작품을 완성하고 난 뒤의 폐허와 거기서 무언가를 일궈

---

* 2019년 발매. 이후 4집이 나오기까지는 5년 6개월이 걸렸다.

야 하는 막막함'에 대한 질문을 던졌다. 시인 본인이 작년 말에 두 번째 시집을 발표하고 한창 그 문제로 골몰했었나 보다. 막상 그 인터뷰를 할 때 나는 앨범 작업이 끝나기 전이어서 맹맹한 답을 했던 것 같은데, 오히려 시간이 지나면서 그 폐허에 대해 자꾸만 생각하게 되었다.

창작하는 일은 그런 막막함과의 끝없는 싸움이라고 해도 좋을 것 같다. 새로운 결과물이 나오는 순간은 찰나다. 대부분 무언가를 떠올리기 위해 애쓰고 떠오른 조각들을 표현하기 위해 노력하고 시행착오를 겪는 시간이 가득하다. 그러나 주어진 시간은 한정적이고 따라서 마음은 더 조급해지기 마련이다. 마음이 조급해지면 할 필요 없었던 시행착오를 더 많이 겪게 되고 이 과정에서 더 많은 에너지가 소모된다. 이제는 경험으로 안다.

소진된 상태로 무언가를 계속 만들어가는 건 다 쓴 치약 튜브를 붙잡고 씨름하는 것과 같다. 그래서 매번 최대한의 힘과 기술을 이용해서 그것을 쥐어짜 어떻게든 양치를 할 수 있을 만큼 치약을 짜내는 데 온 힘을 쏟다. 그리고 나서는 지친 상태로 일상에 돌아가느라 새 치약 사는 일을 잊고, 그렇기에 다음번 양치질은 더욱더 힘들고 고된 일이 된다.

그러다 보면 기상천외한 치약 짜기 기술을 터득할 수도 있겠지만 그런 행운 같은 일은 잘 없다. '그냥 새 치약을 사면 되는 것 아닌가?' 하고 생각할 수도 있지만, 마음의 여유가 없을 때는 그게 잘 안 된다. 소진돼 비어버린 내면을 새롭게 채우는 일은 쉽지 않다. 하물며 남들과는 다른 나만의 창의적인 결과물로 그 안을 채워야 한다면, 그런 새 치약을 사는 건 어디서도 쉽지 않다.

정규 앨범이 아니라 싱글을 자주 발매하는 것이 요즘 시대에 걸맞은 창작 방식이라는 이야기를 들은 지도 꽤나 오래됐다. 주변을 둘러보면, 음악뿐 아니라 다른 분야에서도 새 결과물을 발표하는 주기가 점점 더 짧아지고, 결국 항상 무언가를 생산해야 하는 시대가 되어가는 것 같다. 어떻게 하면 콘텐츠를 더 많이, 더 자주 만들어낼 것인지 고민하는 사람들의 모습은 이제 낯설지 않다.

그럴수록 나는 빈 주머니를 더 자주 만지작거리게 된다. 누군가 우연히 찾았을 때 시원한 물이 가득한 샘처럼 충실히 채워져 있다면 좋을 텐데……. 그러나 그런 상태를 유지하기 위해서는 부단한 노력과 충분한 시간이 필요하다. 그러면서도 생활인으로서 생계를 걱정하지 않아도 될 정도의 돈도 필요하다. 꾸준하고 왕성하게 창작하며 살아간다는 것은 아무리 생각해도 쉽지 않은 일이다. 지금까지는 운 좋게 그럭저럭 지내왔지만 앞으로도 지속 가능한 일일까? 이런 의문을 머리에서 지우기 어렵다.

전업 음악인으로 살아온 지 10년이 훌쩍 넘었지만, 창작은 점점 더 어렵기만 하다. 개인적으로도 그렇고 업계의 변화상을 지켜봐도 그렇다. 아, 그래서 어른들이 기술을 배우라고 했던 건가. 그렇지만 뭐, 어쩔 수 없지.

더 나은 사람이

되고 싶었어요

하지만 그다음 날에는

이게 대체 무슨 소용인가 싶었죠

영원히 잡을 수 없는 것을

잡으려 했었나 봐요

하지만 그래서 멈춘다면

나는 무엇이 되는 걸까요

행복한 사람이 되고 싶었어요

하지만 그러려면 내일을 잊어버려야 해요

아름다운 사람이 되고 싶었어요

하지만 그러려면 거울을 보지 말아야 해요

영원한 사랑을 하고 싶었어요

하지만 그러려면 사랑에 빠지지 말아야 해요

완벽한 노래를 쓰고 싶었어요

하지만 그러려면 무엇도 남기지 않았어야 해요

다 무슨 소용이 있나 싶었어요

하지만 그럼에도 아직은

그래도 해야 해요

브로콜리너마저, 〈되고 싶었어요〉

비트 주세요

새로운 앨범을 구상하기 시작하면 하루에 몇 시간이고 책상 앞에 꾸준히 앉아 있는다. 예전에 써뒀던 내용을 들여다보면서 고치기도 하고 그러면서 기타도 좀 치고……. 이런 일을 반복하다 보면 밤도 금방 깊어지는 일상이다. 오랫동안 반복해온 과정이지만 여전히 평탄하지만은 않다. 최단거리로 목적지에 바로 도착할 수 있다면 참 좋겠지만, 언제나 그렇듯 그 과정은 효율성과 거리가 멀다. 어릴 적 시장에 심부름하러 갔다가 무언가에 홀려서(장난감이나 게임기였겠지.) 해가 다 지고서야 돌아왔던 경험을 굳이 떠올리지 않아도, 작업을 하기 위해 준비한 이 방과 책상에는 주의력을 빼앗는 것이 너무 많다.

이렇게 무언가에 주의력을 빼앗기는 것의 반복이 작업자의 숙명이겠거니 하면서도 이를 극복하려는 마음은 예나 지금이나 변함없다. 혹시나 인터넷에는 그런 방법이 있을까? 프리랜서에게 도움이 된다는 책을 읽으면서 집중력을 회복하는 팁을 찾아보지만, 사실 이렇게 찾아보는 것 자체가 이미 패배를 인정한 것과 다름없다. 일단은 동영상이나 SNS 창이 모니터에 떠 있는 것부터 문제다. 그러나 고립되고 나면 그 뒤에는 문득 외로움만 찾아오고, 바라던 '집중!'은 쉽게 찾아오지 않는다.

새벽을 향해 가는 늦은 밤, 창작의 기운이 몽글몽글 모이는 것 같으면서도 건지는 건 없을 때, 스스로 자처한 고립인데도 왜 이렇게 사람들의 목소리가 그리운지……. 라디오도 켜보고 팟캐스트도 켜보지만 왠지 산삼을 캐기 전에 주막에 들러서 사람들을 만나면 부정 탈 것 같은 심리에 잠시 기웃거리다가 끄고 만다. 게다가 음악 작업을 할 때는 데모 곡을 녹음해야 할 수도 있고 소리를 잘 못 들으면 안 되기에, 소리 나는 무언가를 틀어놓기도 어렵다. 나는 일주일에 한 번 심야 라디오를 진행하는데, 작업하면서 라디오를 듣고 있다는 사연을 접하면 반갑고 또 부럽기도 하다. 나도 밤샐 때 라디오 들으면서 일하고 싶은데…….

고독함과 적막함을 조금은 덜어내고 음악 작업에도 집중할 수 있는 수단은 과연 없을까? 많은 고민 끝에 정착한 것은 '리듬머신 틀어놓기'다. 컴퓨터로 음악을 만들 때 사용하는 DAW(Digital Audio Workstation) 프로그램에도 자동으로 드럼 트랙을 생성하는 기능이 있다. 컴퓨터 프로그램과 컨트롤러가 함께 연동된 장비도 충동적으로 꽤 많은 돈을 들여서 구입했지만 큰 도움이 되지 않았다. (불빛이 예쁘고 기능이 많은데 거의 써보지 못했다.) 다행히 얼마 전 저렴하게 구입한 드럼머신은 괜찮았다. 컴퓨터를 켜지 않고도 작동하며, 마디와 박자에 해당하는 버튼들 위로 빨간 LED 불빛이 한 칸씩 움직이며 정해진 박자대로 소리를 낸다. 버튼을 누르면 재생되고 한 번 더 누르면 멈춘다. 아주 예전에 나왔던 기종을 복각한 것이라서 기능은 많지 않지만(작은 LCD 화면조차 없다.) 왠지 이 기계에서 흘러나오는 박자를 들으면 힙합을 해야 할 것 같은 기분이 든다. 대충 적당한 박자를 정해서 비트를 깔고 기타를 쳐본다. 힙합이나 알앤비 느낌이 나는 게 익숙한 그루브는 아니지만 악상이 떠오르는 것 같다. 멋도 있는 것 같고. 덕분에 기타를 많이 쳐서 그런지 어깨는 욱신거리지만 이 정도면 2022년의 창작 현장도 나쁘지 않다고 생각한다.*

처음 곡을 만들던 시절에도 드럼머신이 함께했다. 그때 만든 데모 곡들은 4트랙 카세트테이프 녹음기로 녹음했다. 드럼 한 트랙, 기타 한 트랙, 베이스 한 트랙에 보컬까지. 그때 녹음한 테이프와 카세트테이프 녹음기를 아직 가지고

---

* 2025년의 경우, 조금 달라졌다. 미니 건반으로 이런저런 코드를 쳐보는 것이 요즘 나의 작업 트렌드.

있는데, 비트와 이펙트를 함께 제공했던 드럼머신은 지금 없다. 기능이나 소리가 좀 아쉽다고 느꼈던 것 같고, 또 새로운 악기를 사기 위해서는 사용하지 않는 악기를 팔아야 했던 시절이었으니 그랬겠지. 하지만 필요한 악기를 웬만큼 구할 수 있는 지금, 악기의 기능을 200퍼센트 이상 끌어내서 만들었던 그때의 데모 곡만큼 발랄한 곡을 만들 수 있을지는 잘 모르겠다.

지금은 단종되었고(후속 시리즈가 명맥을 잇고 있다.) 당시에는 정보도 구하기 어려웠던 나의 첫 드럼머신 일렉트라이브가 사실 꽤나 많은 뮤지션이 잘 사용하던 악기라는 것을 한참 뒤에야 알게 되었다. 그리고 그것을 실제 사용하는 뮤지션을 보게 되었는데⋯⋯. '페퍼톤스'의 신재평 씨가 유튜브 라이브 영상에서 바로 그 일렉트라이브 드럼머신을 사용하고 있었다. 부드럽게 손을 감싸주던 패드 버튼과 박자에 맞추어 빛나던 불빛까지. 어둠 속에서 희미하게 빛났지만 왠지 다 알 것 같았다. 재평 씨의 인터뷰를 보면 악기나 물건을 웬만하면 버리지 않고 오래 쓴다는데, 아직도 그 드럼머신을 갖고 있다니 부럽다. 한때의 생활고(와 새로운 악기 욕심)로 추억의 드럼머신을 팔아버린 것이 안타까울 따름이다.

오랜만에 다시 찾아보니 그 영상이 올라온 지도 이미 꽤 오래되긴 했다. 혹시 다음에 만나면 잊지 않고 댁의 일렉트라이브는 잘 작동하는지 물어봐야겠다. 영상에서 재평 씨가 연주하고 있는 페퍼톤스의 〈Fake Traveler〉는 긴 재생 시간과 나긋한 듯하면서도 비트감 있는 연주가 야간 작업의 동반자로 아주 적합한 곡이니, 원곡과 커버 곡 모두 새벽을 달리는 많은 분들과 함께 듣고 싶다. 물론 곡 쓸 때는 못 듣겠지만.

무엇을 위해서 이렇게 애쓰고 있었던 걸까,
자꾸만 생각에 빠지면 가라앉는 느낌이 들었습니다.
그래서 피하려고 하면 중요한 것을 놓치고 있는 것만 같았고요.

그 답을 찾아가던 길에 노래를 하나 주웠습니다.

아름답고 쓸모없는 작은 돌 하나.
우리가 사랑이라고 부르던 것.

「너무 애쓰고 싶지 않아요」 소개문

너의 새로운 기타 스트로크

평소보다 조금 일찍 퇴근한 날, 문득 생각이 나서 악기점에 들렀다. 새 기타를 보고 싶다고 한동안 생각했는데 막상 악기점에 갈 일이 좀처럼 생기지 않던 참이었다. 자주 가던 악기점이 이사했는데, 이전한 곳이 마침 일을 마치고 집에 가는 길 근처에 있었다. 익숙한 길에서 잠시 벗어나 낯선 골목을 걸어 악기점에 도착했다. 악기점은 나무 냄새로 가득했다. 나무로 만든 기타에 맞춘 습도와 온도로 생긴 특유의 분위기도 있었다. 하지만 사람보다 기타를 위한 공간이어서 그런지 마냥 편안하기보다는 조금 긴장된다.

음악을 일로 하고 무대에서 연주하는 일이 이제는 익숙하지만 새로운 악기를 사러 가는 건 여전히 어색하다. 꽤 좋은 악기는 여전히 가격이 부담스러워서 보통 중고 악기를 구매하곤 한다. 프로 연주자가 악기점에서 새 기타를 멋지게 들고 휘리릭 연주해본 다음에 "좋은데요?" 하고 바로 구매하는 모습을 흔히들 상상하겠지만, 무대에서든 악기점에서든 기본적인 연주를 주로 하는 나는 직원이 안내하는 새 기타 앞에서 어색하게 뚝딱거릴 뿐이다. 내성적인 성격상 이것저것 마음 편하게 쳐보기 어렵다.

좋은 도구를 쓰면 좋지만 굳이 과한 것을 쓸 필요는 없다고 평소 생각해왔기도 하고, 잘 쓰지 않는 물건을 많이 가지고 있는 것은 부담스럽게 느껴진다. 공간이 부족해지기 때문에 생기는 문제가 상당하기 때문이다. 기타는 아니지만 최근에 구입한 악기들을 떠올려보면, 대체로 살 때는 기분이 좋았지만 정작 자주 사용하지 않은 경우가 많았다. 방치된 악기는 급격히 나이 들어간다. 특히 기타는 습도나 온도가 조금만 맞지 않거나 관리가 소홀하면 쉽게 엉망이 된다.

그럼에도 새로운 악기가 있다면 새롭게 뭔가 할 수 있을 것 같은 기분이 드는 것은 사실이고, 다양한 악기가 있으면 작업에 좋은 것도 맞다. 같은 코드라고 해서 같은 느낌의 음악이 되는 건 아니기 때문이다. 어떤 악기를 어떤 포지션으로 연주하는지에 따라 같은 음악이라도 느낌이 달라진다. 곡을 만들 때 꼭 들어갔으면 하는 음의 느낌은 '그때' '그 악기'를 '그런 방식'으로 연주했을 때 나던 소리에서 비롯하는 경우가 많다. 그러다 보니 기타로 만들기 시작한 노래와 건반으로 만들기 시작한 노래가 꽤 다르고, 흥얼거리면서 만들었던 노래가 또 다르다. 같은 방식으로 만든 노래들은 서로 비슷한 성격을 공유한다. 그래서 다른 방법으로 만들기 시작하며 새로운 무언가를 기대하기도 한다. "이번 앨범은 빈티지한 옛 악기의 소리를 살려보았습니다." "예전에는 연주할 수 없었던, 새로 배운 악기를 사용해서 음악을 만들었습니다."와 같은 인터뷰에 이제는 더 많이 공감한다.

이번에 구입한 악기는 어쿠스틱 기타다. 정확히 말하면 '드레드넛 바디 기타'로, 흔히들 '어쿠스틱 기타' 하면 떠올리는 표준적 형태면서 가장 흔히 쓰이는 종류의 기타다. 하지만 나는 예전부터 'OM 바디'라고 불리는, 드레드넛보다는 조금 작은 모양의 기타를 선호해왔다. 가지고 있는 기타도 다 그 종류다. 부피가 작은 편이라 내가 보기에 더 예뻤고, 연주할 때 편하다는 장점도 있다. 하지만 기타 줄을 피크나 손가락으로 큰 폭으로 쓸어내리는 스트럼 주법을 할 때 바디가 작다 보니 소리의 풍부함이 부족하다는 점 때문에, 언젠가는 드레드넛 바디 기타를 꼭 사야겠다고 생각했다. 그게 오늘일 줄은 몰랐지만.

너무 비싸지 않은, 그렇지만 어느 정도 완성도가 있을 법한 중간 가격대의 기타를 몇 대 연주해보았다. 이 기타는 이런 소리가, 저 기타는 저런 소리가 매력적이었다. '취향의 연장선으로 선택할 것인가?' '이제껏 없던 소리를 하나 더 추가할 것인가?' 하는 고민 끝에 새로운 느낌의 기타를 구입했다. 평소 쇼핑 습관에 비하면 아주 빠르게 결정한 편인데, 생각해보니 그전에 고민을 많이 해서 그랬을 수도 있겠다.

항상 구입하기 전에 비교하고 검토하는 과정은 아무리 해도 부족하게 느껴지지만 정작 악기의 장점과 단점은 실제 연주하면서 구체적으로 체감한다. 그리고 그런 과정에서 그 악기와 사랑에 빠지는지 여부가 악기를 연주하는 빈도에도 영향을 준다. 다만, 단점을 알면서도 사랑에 빠지는 악기도 있고 다 좋은데 이상하게 손이 덜 가는 악기도 있다.

며칠 동안 새 기타로 기본 코드만 연주해보았다. 아직은 연주하면 할수록 즐거움이 커지는 것을 보니 이 기타를 앞으로도 많이 연주하고, 새로운 곡을 만드는 데도 쓸 것 같다. 어쿠스틱 기타는 정말 좋은 악기다. 어렵고 멋진 연주를 할 때도 좋지만 간단한 연주를 할 때도 기분이 좋아진다는 점에서 그렇다. 상표를 아직 떼지 않은 새 기타를 연주하는 즐거움을 좀 더 길게 누리고 싶다. 그러다 보면 누군가에게 설렘을 주는 노래를 또 만들 수 있지 않을까?

더 잘할 수 있었는데

트위터(현 '엑스')에서 우연히 밴드 'EX'의 2005년 MBC 대학가요제 무대 영상을 보았다. 당시에 생방송으로 보았던 무대를 다시 보니 그때 생각이 나서 기분이 묘했다. 반가운 마음에 댓글도 달았다. 나 말고도 댓글을 단 사람이 많았다. 댓글은 크게 두 종류였는데, 그때 이 무대를 봤어서 그 시절을 그리워하는 쪽과 예전에 이렇게 매력적인 곡과 무대가 있었던 것을 처음 알고 흥미로워하는 쪽으로 나뉘었다. 물론 나는 그 시절을 회상하는 쪽이었는데, 2005년 대학가요제에 브로콜리너마저가 지원했다가 탈락했기 때문이다. 나는 당시 예선 탈락자로서 팔짱을 끼고 '어디, 얼마나 잘하는 사람들이 올라왔나 보자.' 하는 심정으로 그들을 보고 있었다. 그래서 그 무대를 보고 받은 충격이 더욱 컸다.

EX는 마지막 순서로 등장해 〈잘 부탁드립니다〉라는 곡으로 대상을 거머쥐었다. 첫 소절이 나오는 순간, "안녕하세요~" 하고 보컬 이상미 씨가 노래를 시작한 그때, 아마 나뿐만 아니라 많은 사람이 그렇게 생각했을 것이다. '이들이 대상이구나.' 나 역시 수상 후 무대를 보면서 '그래, 상 받을 만한 사람이 받았구나.' 하고 탈락을 납득했다. 역대급 무대를 보여준 이들은 이후 스타덤에 올랐고, 한동안 여기저기에서 이 노래를 들을 수 있었다. 이후에도 이들이 이 노래로 공연한 영상은 많지만 대학가요제 무대는 뭔가 더 특별한 것 같다. 면접에 실패하고 나서 느낀 감정을 담은 노래이기 때문에, 참가자로서 오른 첫 대회 무대의 임팩트가 우승한 이후의 어느 무대보다 크게 느껴졌다.

여기서 다시 내 이야기로 돌아오면, 그들과 함께 예선을 치른 브로콜리너마저는 당시 결성한 지 2개월 정도 된 아마추어 밴드였다. 그래도 밴드를 결성했으니 대학가요제에 한 번은 나가봐야겠다고 생각했다. 우리는 연주력보다는 곡으로 승부하겠다는 생각으로 대학생의 낭만을 담은 〈꾸꾸꾸〉라는 노래를 완성했고, 빠르게 데모 곡 녹음을 마친 뒤 대학가요제에 응모했다. 여러모로 어설픈 점도 있었겠으나 곡이 좋았기 때문일까? 서류 심사를 통과하고 당시 여의도에 있던 MBC 방송국으로 예심을 보러 갈 수 있었다.

하지만 여기서 아쉬운 일이 있었는데, '예선에서 연주는 할 수 없고 노래만 평가한다.'는 공지사항이었다. 지금 생각하면 빠른 예선 진행을 위해서 악기 세팅 등은 하지 않고 심사하겠다는 취지로, 그러면서도 연주하는 모양새는 심사에 반영하려고 했던 것 같다. 하지만 우리는 '음, 그렇다면 보컬 외의 멤버들은 구경만 하면 되겠군. 아무리 예심이라지만 라이브를 하지 않다니. 방송국이란…….' 하고 생각하며 아무런 준비도 하지 않고 예심 현장에 도착했다.

그러나 우리의 막연한 생각과 다르게 예심 현장은 정말 치열했다. 이 무대가 본선인 것마냥 화려한 분장과 의상을 준비한 팀이 많았던 것은 물론이다. 게다가 실제 연주를 들려줄 수 없어도 라이브 퍼포먼스를 핸드싱크로나마 열정적으로 선보이려는 다른 팀들을 보니 뭔가 잘못되었음을 알 수 있었다. 교통카드만 들고 온 우리들은 어쩔 수 없이 건반도, 기타도, 드럼 스틱도 없이 진정한 핸드싱크를 선보이며 예심을 치를 수밖에 없었다.

후회 없을 만큼 최선을 다했다면 아쉬움이 덜했을 텐데, 민망하게 연주 흉내만 내고 떨어졌다는 생각 때문에 당시에는 마음이 편치 않았다. '어떻게 밴드에게 핸드싱크를 시킬 수 있나!' 하면서 방송국 관계자들을 원망한 시간도 있었다. 아무튼 속으로 '얼마나 대단한 사람들을 뽑았을까?'라고 생각하며 부글거리는 마음으로 생방송 무대를 봤다.

하지만 EX의 무대는 굉장히 훌륭해서 나 역시 좋아할 수밖에 없었다. 밴드는 매력적이었으며 곡과 가사도 완벽했다. "더 잘할 수 있었는데"라고 마지막에 노래할 때는 왠지 좀 눈물이 날 것 같았다. '그래, 더 잘할 수 있었는데. 언젠가는 더 잘할 수 있을 거야. 저들은 잘 해내서 좋겠다.' 이런 생각을 했다. 물론 이후에도 이런 생각이 드는 순간은 많았다. 지금도 그렇고.

오은 시인의 산문집 『다독임』(난다, 2020)에서는 실패에 대한 이야기가 나온다. 게임에 열중하던 어린이들의 이야기를 듣던 작가가 "실패가 무슨 뜻인지 아니?" 하고 물어보자 "다시 한 판 하라는 거예요."라고 답했다는 이야기. 실패에 낙심한 이들에게 공감하는 말은 때로 너무 처지고 힘내라는 말은 겉돌기 쉬운데, EX의 〈잘 부탁드립니다〉는 좌절한 이들에게 다시 한판 할 수 있게 응원한다. 사려 깊으면서도 유쾌한, 듣기 드문 노래이고 앞으로도 많은 사람에게 힘을 줄 곡이다. 그래서 괜히 나도 몇 번을 더 돌려 들었고, 또 실패하러 가기로 했다.

우리는 모두 실패할 것이다.

…거칠게 요약하면, '어쩔 수 없는 것'에 대해서 오래 이야기해왔다. 하지만 무언가를 확신하고 있을 때에도 애써 단정하는 투로 이야기하지는 않았다. 그렇게 에둘러 이야기하는 방식은 위로의 말처럼 느껴져서 좋았다. 물론 때로 더 이상 피할 곳이 없을 때에는 결국 이 또한 미봉책에 지나지 않는가 하는 생각도 들었다.

그래서 단정적으로 말하겠다.
우리는 모두 실패할 것이다. 이미 알고 있던 것처럼.

다만, 진짜 중요한 것은 그것을 받아들인 다음부터 시작된다는 사실을 전하고 싶다. 아무렇지 않은 표정으로 웃어줄 수 있는 사람이 감당하고 있는 무게를 이해하고 싶다. 드러내지 않는 어둠을 먼저 찾아내어 그 속에 함께 머무르고 싶다.

그러고는 별일 없던 것처럼 가던 길을 계속해서, 서로의 존재를 응원하면서 그저 나아갈 수밖에 없다. 굳이 이렇게 헤매어야 하는지 그 당위성은 아직 잘 모르겠다.

그럼에도 아직은 그래도 해야 한다. 하고 싶은 모든 이야기는 이어지는 '다만' 뒤로 미루어놓기로 하자.

「우리는 모두 실패할 것을 알고 있어요」 소개문

보리차가 식기 전에 봄날으로 가자

'천하제일보리차대회'라는 이름을 가진 콘테스트가 있었다. 자세히 설명하자면 2022년 제19회 한국대중음악상(이하 '한대음')의 최우수 포크 노래 부문에서 수상한 싱어송라이터 천용성의 〈보리차〉를 부르거나 커버 곡 등으로 재창조해서 인터넷에 올리는 대회다. 주최 측에서는 스티커와 유리컵 등을 상품으로 걸어 참가를 독려했고 한정판 굿즈, 그중에서도 기념 컵이라면 정신을 못 차리는 나 역시 어느새 그 흐름에 동참했다.

기존에 발표된 앨범에서 〈보리차〉의 보컬은 강말금 배우였는데, 콘테스트 시기에 천용성 보컬 버전의 〈보리차〉 음원이 공개되었다. 천용성 보컬 버전이 따로 싱글로 발매됨으로써 음역대가 넓어져 다양한 참가자가 참여할 수 있게 되었다. 나는 처음에 용성 씨 버전의 반주 트랙에 노래를 시도해보았으나 생각보다 톤이 낮아 강말금 배우가 부른 음계를 바탕으로 콘테스트에 참여했다.

출전 자격에 제한은 없었지만 아무리 내가 가창력이나 연주력 같은 피지컬(?)로 승부하는 편은 아니더라도 현업 뮤지션으로서 음악적 완성도를 갖춰야 한다고 생각했다. 그래서 직접 반주하며 연주해보니 하루 정도 연습이 필요해 보였다. 여성 음역대에 맞춰 연습하니 음을 내기에 살짝 어려운 부분도 있었다. '그래, 이 기회에 나일론 기타 주법을 좀 더 연습해야겠군.' 하고 생각하며 일과를 마치고 잠이 들었다.

그러나 다음 날, 경악스러운 일이 벌어지고 말았다. 이 바닥에서 목소리로는 누구나 한 수 접고 들어갈 수밖에 없다는 뮤지션 시와 님이 첫 번째로 영상을 올린 것이다. 다수의 유튜브 동영상 제작 경험으로 숙련된 안정적인 구도와 세련된 흑백 연출에 그의 목소리가 더해진 탓일까. 이미 조회 수는 수천이 넘어 있었다. 트위터라는 플랫폼의 특성을 감안하면 이미 관계자들 사이에서는 화제가 되었을 것이다. 게다가 유튜브와 인스타그램까지 동시에 올리는 치밀함까지. 항상 만만치 않은 분이라고는 생각했지만 이건 생각 이상이지 않은가.

좀 치사하더라도 먼저 대회의 첫 테이프를 끊어서 강한 인상을 주고 싶었는데, 비겁하게도 전문 뮤지션이 이런 팬 대상 콘테스트에 처음으로 응모한 것이다. 인디 신에 공정함이란 어디로 간 것일까. 평정심을 잃은 채로 카메라를 켜서 연주를 시작했다. 한시가 급했다. 마이크를 연결할 틈도 없었다. 손이 부들부들 떨렸다. 세 번이나 연주했는데 자꾸

실수했다. 하지만 더 미룰 수 없었다. 이 순간에도 시와 님의 영상 조회 수는 올라가고 있었으니까.

만족스럽지 않았지만 세 번째 연주한 영상을 업로드할 수밖에 없었다. 파일을 첨부하자 용량 제한을 알리는 경고 메시지가 떴다. 다시 시도했지만 마찬가지였다. 조바심이 났다. 인터넷에 검색해 해결 방법을 알아보고 있는 사이에도 이미 시와의 〈보리차〉는 SNS에서 뜨거운 감자, 아니 뜨거운 보리차가 되고 있었다. "나도 코인 투자로 돈을 벌고 싶다!"라고 외치는 사람들의 심정이 이런 것인가 싶었다. '보리 코인'에 나도 탑승할 거야!

허겁지겁 업로드를 끝내고 영상 설명을 쓰면서 갑자기 '내가 왜 이러고 있지?' 하며 겨우 정신을 차렸다. 같은 '○○차' 계열 노래(예를 들어 〈유자차〉)로 활동하는 사람으로서 동료의 작품을 응원하고자 하는 숭고했던 첫 마음은 잊고 어느새 물욕과 명예욕에 눈이 멀어 있는 자신을 돌아보며 〈보리차〉의 가사가 떠올랐다. 나의 이런 흠과 실수도 곧 드러나고 말겠지……. 만나본 적도 없는 용성 씨 미안해요. 하지만 '작성하기' 버튼을 누르는 순간만큼은 진심이었어요.

용성 씨는 이런 내 마음도 모르는 채 내가 올린 영상을 공유하며 고맙다는 메시지를 보냈고, 그사이 시간은 보리차가 빨리 식는 계절을 3월 말까지 유지하다가 '잔인한 사월'을 맞아 봄날로 가는 듯했으나…… 이 글을 쓰고 있는 4월 중순 지금은 이미 여름이 온 듯하다. 지구온난화의 영향도 있겠지만 옹졸했던 나의 마음 탓인 것만 같아 마음이 무겁다.

아직도 천하제일보리차대회의 수상작은 밝혀지지 않았다. 과연 보리차를 담아 마셨을 때 가장 맛있다는 천용성컵은 나의 손안에 들어올 것인지, 아니면 참가상인 스티커만이 나를 쓸쓸히 위로할지는 모르겠다. 그치만 지금 뭐라도 노력하지 않으면 봄날은 더욱 짧아질 것이고 〈유자차〉가 설 자리는 더욱 좁아질 것이라는 생각에 다시 한번 〈보리차〉를 흥얼거려본다.

바닥에 남은 차가운 껍질에 뜨거운 눈물을 부어
그만큼 달콤하지는 않지만 울지 않을 수 있어
온기가 필요했잖아, 이제는 지친 마음을 쉬어

이 차를 다 마시고 봄날으로 가자

우리 좋았던 날들의 기억을 설탕에 켜켜이 묻어
언젠가 문득 너무 힘들 때면 꺼내어 볼 수 있게
그때는 좋았었잖아, 지금은 뭐가 또 달라졌지

이 차를 다 마시고 봄날으로 가자

브로콜리너마저, 〈유자차〉

'바닥에 남은 차가운 껍질에 뜨거운 눈물을 부어 그만큼 따뜻하지는 않지만 울지 않을 수 있어.'라고 한다면 그건 그 껍질에 유자의 향과 스며든 설탕이 아직은 남아 있기 때문일 것이다. 남아 있다고 생각하면 다행이지만 다시 말하면 좀 부족하다는 이야기이기도 하다. 이 노래를 처음 만들 때도 그런 생각을 했는지는 모르겠지만 삶의 대부분의 시간은 조금 식어 있는 게 아닐까 생각할 때가 있다. 냉장고에 넣어둔 반찬을 꺼내고 오전에 안쳐놓은 밥을 다시 퍼서 차린 점심상처럼.

매번 새로 한 밥 같은 환대와 사랑을 받는 일이 흔하지는 않으니까 일상의 미지근한 순간에서 약간의 온기라도 더 찾아내려 했던 것 같다. 하지만 왠지 어떤 좋았던 순간을 떠올릴 때면 지금의 현실이 비루해지는 기분이 드는 것 같아 외려 마음이 시려오기도 했는데, 그럴 때면 어쩌자고 이렇게 모순적이고 무책임한 노래를 만들었을까 하는 생각이 들기도 했다.

하지만 이제는 좋았던 기억을 떠올리며 울지 말라고 이야기하기보다는 좋았던 기억을 차곡차곡 잘 정리하자는 말을 하고 싶다. 마음속에 잘 보이는 선반에 놓인 몇 가지 기억들은 좋은 습관처럼 나를 돕는다. 아니, 꼭 정리하지 않아도 좋다. 그런 기억들은 바로 소환되지 않더라도 언젠가는 코트 주머니에 두고 잊은 지폐 몇 장처럼 우연히 손에 잡힌다. 좋은 기억을 많이 가지고 있다면 그래도 종종 미소 짓는 일이 있을 것이다.

〈유자차〉가 지난 10여 년 동안 많은 이들에게 온기를, 그리고 잊고 있던 추억을 소환하는 힘이 되었음을 알고 있다. 그렇게 쌓인 시간이 이제는 다시 또 다른 기억으로 남아 있다. 그래서 바라건대, 이 노래를 나누었던 모든 분들이 우리 좋았던 날들의 기억을 함께 차곡차곡 잘 쌓아가며 언젠가 함께 다시 꺼내 볼 수 있기를.

「B-SIDE PART. 1」 소개문

뾰족한 수는 없지만

나이가 들면서 MBTI가 바뀐 걸까? 요새 내가 좀 변한 것 같다. 별것은 아니고, 작년부터 동료 뮤지션들을 그냥 만나는 일이 늘었다. 나는 극 내향형 인간이라 좋아하는 사람들에게 만나자고 먼저 제안하는 일도 항상 어려웠는데, 어느새부턴가 "우리 한번 봐요."라고 먼저 스스럼없이 이야기한다. 작년 말부터는 어쩌다 보니 한 달에 한두 번 정도는 이유 없이 연락해서 동료 뮤지션들을 만나는 정도가 되어버렸다. 평소에 친분이 있는 분들뿐 아니라 비교적 왕래가 없던 분들까지 만나고 있는데, 그러다 보니 심지어 지난주에는 무려 두 번이나 커피 약속을 잡았다. 며칠 전에는 싱어송라이터 주윤하 형을 만났고, 어제는 밴드 '더 보울스' 멤버들을 만났다.

윤하 형은 전에 몸담았던 밴드 '보드카 레인' 때부터 알던 사이니까 오래된 인연이지만, 최근 만난 건 정말 오랜만이었다. 얼마 전 홍대 거리를 지나가다가 우연히 마주쳐 커피 한잔하자고 이야기했는데, 바로 약속을 잡아 그다음 주에 만났다. 요즘 사는 재미며, 음악이며, 작업이며, 이런저런 이야기를 나누었다. 공연을 열심히 해보려고 했는데 하필 그때부터 코로나가 시작돼 상황이 여의치 않다는 말이 남 일 같지 않았다. 공연을 하면서 힘을 받아 새로운 곡을 발표하는 일이 자연스럽던 때가 있었는데. "뭐, 뾰족한 수는 없지만 올해는 좀 괜찮아지지 않을까?" 하고 이야기 나누며 헤어졌다. 커피도 맛있었고 혼자 작업실에 고립되어 있지 않음을 확인한 것만으로도 꽤 힘이 되었다. 언젠가 같이 공연해볼 수도 있겠고.

더 보울스 친구들은 연말에 함께 공연하고 나서 서로 SNS를 팔로우한 사이다. 이후로 최근에 두 번째로 만났다. 이 친구들은 중학생 때부터 친구들을 중심으로 결성된 밴드인데, 덩치는 큼지막한 청년들이 연주할 때 말고는 꽤나 수줍다. 아직 20대인데 최근 인기 있는 스타일보다는 이제 고전이라 할 만한 밴드 음악의 유산을 충실하고 탄탄하게 해석해내고 있다. 최근에 새 앨범이 나왔는데 유명 프랑스 밴드 '타히티 80'의 멤버가 프로듀싱했다고 한다. 커피를 마시고 케이크도 먹으면서 이야기를 나누었다. 그들이 선물해준 새 앨범 CD를 기쁘게 받으며 말했다. "음악을 미리 들어보았는데 좋던데요." "많은 사람이 못 들어보고 지나가기엔 음악이 좀 아까울 것 같은데." 그리고 앞으로의 계획도 물었다. (아이고, 생각해보니 이런저런 말 없는 사람 같았네.) 야심차게 작업은 했는데 어떻게 홍보해야 할지 막연해서 아무것도 못하고 있다는 말에 "허허허." 함께 웃을 뿐이었다. (물론 이렇게 저렇게 해보라고 하긴 했다.)

  특별한 결과를 만든 만남은 아니었지만 같이 이야기하는 것만으로 이렇게까지 마음이 누그러질 일인가 싶었다. 그리고 예전과는 조금 달라진 나 자신이 새삼 신기하기도 하고. 이렇게 변한 까닭은 어쩌면 코로나 때문에 운신의 폭이 좁아져서인지도 모르겠다. '언제는 뭐, 그렇게 쉽고 재미있게만 일했었나?' 싶지만 그래도 눈앞에 놓인 일에만 몰두하느라 여유가 없었던 때에 비해 요즘은 주변을 돌아보니 길을 잃은 동료도 보이는 것 같다. '혹시 부담스럽지 않을까?' 하는 마음에 먼저 연락하기 항상 어려웠는데, 요즘 같은 때라면 다들 누구라도 만나서 이야기하고 싶을 것이고, 그러면 적어도 "한번 볼까요?" 물었을 때 상대방이 부담스럽게 생각하지는 않겠지, 하고 생각하면서.

  뾰족한 수는 없지만 그래도 함께 이런저런 이야기를 나누다 보면 좀 낫지 않을까? 그런 마음으로 노래를 쓰면 뭐라도 나오지 않을까? 꼭 명쾌한 답을 찾지 않더라도 흘러 흘러 가다 보면 어떻게든 어딘가에 가닿기도 하니까.

공회전의 기술

지난 주말엔 오랜만에 단독 공연이 있었다. '다정한 사월'이라고 제목 붙인 이 공연은 특별한 무대 장치나 놀랄 만한 기획이 더해지진 않았지만 이전 공연들과 다른 것이 있었다. 사회적 거리두기 정책이 유지되던 코로나 시기 동안 필수로 지켜야 했던 공연장 내 거리두기 없이 진행된 공연이라는 점이다. 그러니까 2020년 이후로 필수가 된, 객석을 바둑판처럼 나누어서 한 칸을 띄워놓던 방식으로 하지 않고 객석을 관객으로만 가득 채웠다.

공연 장소는 홍대에 위치한, 좌석 160석, 스탠딩석 350석의 '웨스트브릿지 라이브홀'이었는데, 이 규모는 우리 밴드에게 작다고 할 수는 없지만 또 그렇게 크다고는 할 수 없다. 코로나 이전에는 보통 스탠딩 공연을 하면 열기가 가득했는데 코로나 시국에는 좌석으로만, 그것도 거리두기를 하여 그동안은 약 80인 내외의 관객만 올 수 있었다. 온라인 스트리밍으로 중계도 하니 촬영에 필요한 스태프와 기자재가 배치되어 객석 수는 또 절반 가까이 줄어들었다. 운이 좋을 때는 지원 사업에서 제작비를 일부 지원받기도 했고 수익을 남기지 못하더라도 공연을 강행하는 식으로 어떻게든 해왔지만 쉬운 일은 아니었다.

무대에서 공연하는 일은 생일 파티를 열고 친구들이 오

기를 바라는 것과 비슷한 면이 있다. 생각보다 많은 손님을 맞이했을 때 감당하기 어려우면서도 즐겁고 기쁜 마음이 그러하고, 내심 와주길 바라던 사람들이 없는 빈자리를 보았을 때 생기는 허전한 마음도 그러하다. 일단 정서적으로 그러한데, 이후에 감당해야 할 청구서까지 생각하면 강제로 비운 관객석의 의미는 절대 작지 않다.

그러기에 빈자리 없이 관객으로 가득한 공연장을 바라보는 것만으로 흐뭇했던 시간이었다. 그동안 '그만 접을까.' 하고 고민했던 마음의 빈자리도 조금은 채워지는 기분이었고. 한편 이 시간을 버티다 자리를 떠난 동료도 있을 것이다. 그렇게 생긴 빈자리까지 채우려면 시간이 걸리겠지만 지금은 약간 기뻐해도 되지 않을까? 공연 첫날 리허설을 할 때, 다음 주부터는 코로나로 인해 공연장에 주어졌던 몇 가지 제약(스탠딩 공연 및 환호성이나 함께 노래하는 행위 금지)이 풀린다는 소식도 들려왔다. 공연 중에 "이제 다음 주부터는 환호와 떼창도 다시 할 수 있다." "그동안 오랫동안 하지 않아서 연습이 필요할 수도 있을 것이다."라고 농담하기도 했다. 그 말을 하면서도 '정말 그런가?' 싶었다. 생각보다 오래 기다렸기 때문일지도 모른다.

요즘은 기다리는 일에 대해서 많이 생각한다. 코로나 시국이어서 그렇고, 본질적으로 내가 하는 일이 누군가를 기다리는 일이기에 그렇기도 하다. 곡을 발표하고, 글을 쓰고, 공연을 준비하면서 누군가가 그것을 찾아주기를 바라는 것이 큰 틀에서 내가 하는 일의 성격인 것 같다. 그 일을 통해서 누군가를 만나는 순간은 때로 마법같이 놀랍지만, 물리적으로 대부분의 시간을 기다리는 데 쓴다. 새로운 영감이 찾아오기를, 그리고 결과물이 형체를 갖고 여러 가지 복잡한 과정을 거쳐 완성되기를, 그리고 누군가가 찾아주고 다시 방문할 것을 약속하기를. 하지만 망각의 힘이 강력하기 때문에 기다림이 이기지 못하는 경우가 더 많다. 그리고 무엇보다 기다림 끝에 결과를 가져다주는 쪽은 최종적으로 기다린 이가 아니라 찾아주는 사람이기에 결과에 대해서는 어찌할 수 없다고 느낀다.

그래서 '어떻게 잘 기다릴 수 있을까?'를 생각한다. 잘 기다리고 있다가 아무 일도 없던 것처럼 그때 그 모습으로 혹은 조금 더 나아진 모습으로 나타나서 우리가 못했던 것을 다시 할 수 있다면 좋을 텐데. 밴드 델리스파이스는 〈항상 엔진을 켜둘께〉에서 "기다릴께 언제라도 출발할 수 있도록 항상 엔진을 켜둘께"라고 노래한 바 있다. 기약 없이 기다리겠다는 이야기가 감동적이지만 현실에서는 쉽지 않은 일이다.

항상 출발할 수 있는 상태를 유지하는 데 많은 에너지가 필요하기 때문이다. 그래서 "항상 엔진을 켜둘게"라는 표현은 낭만적인 고백인 동시에 이루어지기 힘든 장담이다.

그렇기 때문에라도 현실에서는 언제든 출발하기 위해서 공회전으로 힘을 빼지 않고 기다릴 수 있어야 한다는 생각이다. 그래야 더 오래 기다릴 것이고, 더 온전하게 기다릴 수 있을 것이다. 그렇게 잘 기다리면서 〈항상 엔진을 켜둘게〉를 들을 수 있으면 좋겠다. 출발할 수 있을 거라는 희망이 더 오랫동안 간절할수록 이 노래는 더 아름다워질 것이다.

낯선 곳에서 잠드는 것은

어딘가 멀리 가는 것을 좋아하지 않는다. 여행은 즐거움보다 불편함이 더 크다. 공연도 가능하면 당일치기로 다녀오려고 하는 편이다. 하지만 이전에 가보지 못했던 다양한 지역을 방문해보자는 취지로 투어 공연을 하게 되면서, 2025년 올해는 어느 때보다 많은 시간을 밖에서 보내고 있다. 좋은 경험도 많이 하지만 쉽지 않은 상황도 많다. 최근에는 연휴라 차편을 구하는 문제로 큰 어려움을 겪었다. 무엇보다 내게 가장 고역인 건 낯선 곳에서 잠드는 일이다.

지출을 줄이려고 2인 1실로 방을 썼던 10여 년 전에 비하면 모든 일행에게 각방을 배정하는 요즘은 그래도 덜 불편한 편이다. 그만큼 휴식이 중요하다는 것을 모두 느끼고 있다. 그럼에도 익숙하지 않은 공간이라 보통은 잠을 설친다. 늦게까지 원 없이 자면 좋으련만, 체크아웃 시간은 보통 여유롭지 않기 때문에 어쩔 수 없이 경도의 수면 부족 상태를 유지한다.

이번 주에는 매번 새로운 지역으로 이동하며 사흘째 바깥 생활 중이다. 그나마 나는 첫 일정에 당일 이동을 하게 되어서 4박이 되는 것을 면했다. 광주를 거쳐 전주로 이어지는 3박 4일 일정이다. 전주국제영화제에서 공연하게 되었으니 영화라도 한 편 보면 좋으련만. 앞뒤로 뜨는 시간은 휴식을 충분히 한다고 전제할 때 무언가를 하기엔 항상 부족하다. 영화 예매 창을 몇 번 훑어보지만 영화 볼 시간이 딱히 생기지 않는다.

그래서 이동 중 괜찮은 커피를 마실 수 있는 곳에 가는 것을 선호한다. 비교적 짧은 시간 동안이라도 카페에 가면 휴식을 겸하면서 새로운 경험도 할 수 있다. 커피와 공간도 중요하지만 동선도 중요하다. 좋아 보이는 카페를 발견해도 한참을 찾아가야 한다면 기쁨보다 피곤함이 커지기에 갈지 말지 저울질하게 된다. 사실 그래서 광주에서도 가고 싶던 한군데는 포기해야 했다. 케이크가 맛있어 보였는데.

가능한 한 걸어갈 수 있는 곳이 좋다. 버스를 타고 가는 것도 좋은데, 걷는 것만은 못해도 도시를 느낄 수 있기 때문이다. 예전 기억에는 교통카드가 지역마다 달라 다른 지역에서 교통비를 내는 일이 번거로웠는데 지금은 어디서나 교통카드가 호환되어 편리하다. 신용카드를 사용하면 과소비하는 경향이 있다는 이야기를 들었는데, 여러 지역에 호환되는 교통카드도 마찬가지일까? 하지만 어디론가 떠날 수 있는 시내 버스비 정도는 사치해도 괜찮지 않나 싶다. 어느 곳에 있든지 삶의 방식이 호환된다는 것은 대단한 일이다.

여행하며 새로운 경험을 하기 위해서 일부 불편함을 감

수하려는 사람이라도, 절대로 포기할 수 없는 무언가가 있을 수 있다. 숙소만큼은 편해야 한다거나, 식사를 신경 써서 하지 않으면 힘이 나지 않는다거나. 쉽게 넘을 수 있어도 때론 눈에 보이는 작은 문턱이 발길을 멈추게도 한다. 의식적으로 그렇든 무의식적으로 선택하든 그렇다. 다양한 지역에서 공연을 해야겠다고 생각한 것도 그런 이유에서다. 좋아하지만 너무 먼 이동을 하고 싶지는 않거나 이동 자체가 어려운 사람들이 있으니까. 이동하지 않고서도 좋아하는 것을 만날 수 있다면 사람들은 지금보다 덜 움직여도 될 것이다.

차가 많이 막혀 예정보다 몇 시간이나 지나 전주 시외버스 터미널에 내렸다. 10분쯤 걸어 친구가 소개해준 카페에 들러서 공연 전에 커피를 마실 수 있었다. 추천대로 아주 맛있는 커피였다. 며칠간의 피로를 상당히 잊을 수 있었다. 일어서는데 어이없게도 카페를 소개해준 친구가 창가 자리에서 커피를 마시고 있었다. 그는 정말 진실한 마음으로 소중한 가게를 소개해준 것이다. 다음 날 숙소에서 나와 돌아가는 길에도 시내버스를 타고 그 카페에 들렀다. 마침 한가한 시간이라 동네 단골처럼 느긋하게 커피와 샌드위치를 주문했다.

낯선 곳에서 잠드는 것은 쉽지 않은 일이지만 눈을 떴을 때 갈 곳이 있는 것만으로 마음이 조금은 놓인다.

어떻게든 뭐라도

요즘은 새 EP 앨범 「어떻게든 뭐라도 해야 할 것 같아서」를 내고 공연하고 있다. 음악 감상의 수단으로 스트리밍 서비스가 자리 잡은 시대에 CD로 앨범을 발매하고, 코로나로 사회적 거리두기가 4단계인 상황에서 공연하는 것은 그다지 영리하지 않은 일임을 한 번 더 확인하는 중이다. 하지만 달리 방법이 있을까. 앨범 제목처럼 말 그대로 '어떻게든 뭐라도 해야 할 것 같아서' 하고 있는 일이다. 그래서인지 음반 녹음이 끝나고 후반 작업을 조율하면서 공연 준비를 시작할 때쯤에는 꽤나 지치고 우울했고, '이렇게 하는 게 맞는 건가.' 하는 회의감도 들었다. '어떻게든 뭐라도 하자.'라는 마음가짐이 아니었다면 그 시기를 지나기가 힘들었을 것 같다. 더 이상 뭔가 할 수 없어서 혹은 해도 의미 없을 것 같아서 '이제 그만 접을까.' 하며 내려놓는 경우도 많을 것이다. 우리 눈에 보이지 않아서 그렇지.

하지만 막상 앨범을 발표하고 공연을 하니 몸은 힘들지만 마음에 바람이 통하는 기분이다. 새 앨범을 기다려주고 반갑게 맞아준 팬들의 마음 덕분이었다. 직접 만나서 무언가를 할 기회가 없는 상황에서도 팬분들은 온라인에서 여러 반응과 격려의 말을 보내주었다. 같이 작업하면서 더 멋진 작품을 만들어준 동료 작가들과의 만남도 기뻤다. 앨범

일러스트와 애니메이션 뮤직비디오를 만들기 위한 외부 작가들과의 협업은 이전에 해보지 못한 경험이었다. 제작 회의를 온라인으로만 진행할 수밖에 없었는데도, 오고 가는 아이디어를 비롯한 여러 이야기에 큰 자극을 받았다. 당시 형편에 비해 조금 무리해서 작업한 면이 있지만, 그렇지 않았다면 없었을 귀중한 시간이었다.

연초만 해도 매 여름마다 하는 장기 공연 '이른열대야'를 올해도 할 수 있을 거라고 확신하지 못했다. 작년에도 정말 힘겹게 치렀는데 그사이 코로나 확산이 더욱 심각해진 상황이었다. 그래서 올해는 처음으로 온라인 공연도 준비했다. 상황이 악화되어도 어떻게든 포기하지 않고 완주하겠다는 계획이었다. 불길한 예감은 왜 늘 맞는 것인지, 공연 직전에 확진자 수가 급격히 늘면서 위기가 있었다. 다행이라고 할 수 있을지는 모르겠지만 전문 공연장을 대관한 덕에 공연을 계획대로 진행할 수 있었다. (야외, 컨벤션홀 등에서 이루어지는 공연은 모두 금지되었다.) 비록 객석을 절반으로 제한했지만 공연장에서 만난 관객들이 정말로 반가웠다. 이어지는 공연에 몸은 물먹은 솜처럼 점점 무거워지는데도 하루하루가 즐거웠다.

멋진 동료 뮤지션들과 함께 공연을 준비하면서 많이 자극받고 가까워진 것도 정말 기쁜 일이다. 공연을 온라인으로 진행하는 것을 고려해서 동료 뮤지션들과 매주 새로운 무대를 만들 계획을 덜컥 세우다 보니 준비할 것이 너무 많았다. 새로운 구성과 목소리로 서로의 곡을 소화해야 했고, 그 곡들을 하나의 공연으로 구성하는 일도 쉽지 않았다. 매주 새로운 과제를 받아든 학생처럼 지난 두 달을 보냈다. 그 과정에서 동료들과 함께 서로의 음악을 연주하고 이야기 나누는 시간은 정말로 소중했다. 공연 제목이었던 '이른열대야 the 페스티벌'은 농담처럼 가볍게 지었는데도, 그 결과물은 어느 때보다 멋졌다. 평소 서로 좋아하고 응원하는 동료들끼리도 막상 만나서 이야기 나누고 서로에게 좋은 영향을 끼치는 시간을 갖기는 생각보다 어렵다. 게다가 코로나 시국이니 오죽하겠는가. 우연히 보고 이야기 나누는 짧은 만남에서도 많은 위로를 얻는 요즘, 이런 기회가 있어서 참 다행이었다.

  이게 다 '어떻게든 뭐라도 해보자.' 하는 마음에서 비롯되었다고 생각하니 기분이 묘하다. 혼자 아니면 늘 보는 몇 명이서만 작업하며 비정기적인 결과물을 내야 하는, 그리고 그 결과물로 생계를 이어가야 하는 입장에서 스스로 자꾸 돌아보고 고민한다. '무엇을 하면 좋을까?'보다 '이렇게 해도 괜찮을까?' 하고 생각하는 시간이 늘어날수록 스스로가 작게 느껴진다. 자신의 작업에 확신하지 못하는 마음에 조급함이 더해지고 그래서 아무것도 못한 채 애만 태우는 시간이 일상에서 늘어간다. 많은 창작자가 비슷한 고민을 토로한다. 이야기 나누어보면 결론은 대체로 비슷하다. 루틴하고 안정적인 생활 패턴의 중요성, 운동을 비롯한 건강 관리 그리고 어떻게든 일단 작업하는 것. 알고는 있지만 잘 지키기는 어려운 것들, 혼자서 골몰하다 보면 챙기기 쉽지 않은 것들이다. 게다가 시국이 이러하면 '이걸 해봤자 무슨 의미가 있겠어?' 하는 생각에 빠지지 않기가 너무 어렵다. 그래서 이번 공연에 집중만 할 수 있었음에 더욱 감사하다.

한 달 넘는 공연 기간 동안 하계 올림픽이 개막하고 끝났다. 준비 과정부터 개최 여부까지 말도 많고 탈도 많았지만, 경기장에서 선수들이 보여준 스포츠 정신과 노력, 그리고 성숙한 마음가짐은 그 어느 때보다도 많은 사람에게 용기와 희망을 주었다. 특히 메달 획득의 여부를 떠나서 경기 자체에 집중하고 결과를 차분하고 굳건하게 받아들이는 선수들의 모습은 우리에게 결과보다 과정에 의미를 두는 것이 중요하다고 말해준다. 결과에 승복할 수 있는 것은 그만큼 최선을 다했기 때문이니까. 도전해볼 수 있는 데까지 최선을 다하고 결과에 승복한다는 말, 막상 나의 생활을 돌아보며 곱씹으면 조금은 서늘하게 느껴진다.

아, 뭐라도 해야 하는데, 실제로는 무엇도 하지 못하는 시간이 늘어간다. 하지만 머리가 차가워지고 나니 무엇을 어떻게 해야 할지 조금은 더 선명해지기도 한다. "무슨 생각을 해……. 그냥 하는 거지."라고 하면서 매일매일 해야 할 훈련을 꾸준히 해나가는 김연아 선수의 다큐멘터리를 보며 느꼈던 것처럼, 별다른 생각 없이 몰입하는 순간을 만들고 싶다. 비록 그 어느 때보다 각박하지만 혼자가 아니라는 감각도 더 느끼고 싶다.

여름이 지나간다. 최선을 다한 모두가 큰 성과를 낼 수는 없어도, 서로가 서로를 바라보며 응원하고 힘낼 수 있는 가을이 되기를 바란다.

누구에게나 '포기해야 할까?' 하고 생각하게 되는 순간이 있다. 우리에게 주어진 시간은 유한하고 할 수 있는 것도 빤하기에 어쩌면 삶은 당연하게도 수많은 포기의 연속일지도 모른다. 하지만 지금 우리가 필요 이상으로 힘들어하고 있다면, 그 '포기의 순간'이 너무 길어져서 일상의 많은 부분을 잠식하고 있기 때문은 아닐까.

「어떻게든 뭐라도 해야 할 것 같아서」 소개문

개망초 꽃을 좋아하세요?

신도시에서 태어나고 자랐다. 그곳에서 같이 자란 내 또래들은 동네와 나이가 비슷한 셈이다. 어릴 적엔 건물이 아직 들어서지 않은 공터가 많았다. 학교에 들어가기 전에는 집 앞이 온통 공터였다. 그곳에 아이들이 성장하는 속도에 맞춰 학교가 생겼다. 학교가 새로 생긴 덕에 3학년 때 전학했다. 오전반, 오후반으로 이부제 수업을 더 이상 하지 않아도 되어서 좋았다. 학교 운동장에는 모래가 깔려 있었고 손톱만 한 돌멩이가 많았다. 조례가 끝나면 두 손 가득히 돌멩이를 주워 와야 교실로 들어갈 수 있었다. 그래도 내가 졸업할 때까지 여전히 돌멩이는 끝없이 나왔다. 학교 건물은 여전히 공사 중이었다. 복도 양쪽 끝은 공사가 덜 끝나 철골과 콘크리트가 드러나 있었고, 학교 뒷마당에는 내가 졸업할 때까지도 잡초가 무성했다.

잡초 중에서는 교과서에 나오는 질경이나 토끼풀이 아이들에게 인기가 많았다. 인기가 많았다고 하면 좀 이상하게 느껴질 수 있지만, 그들이 우리가 이름을 아는 몇 안 되는 풀이기 때문이었다. 어른들이 당시 인기 있는 댄스 가수는 서태지와 아이들만 있는 줄 아는 것처럼 초등학생들이 풀에 대해 아는 것도 크게 다를 바가 없었다. 달개비와 명아주도 그만큼 흔하지는 않았지만 우리가 이름을 아는 풀이었다.

역시 교과서에 나왔기 때문이다. 식물표본을 만들고 관찰하는 과제가 있어서 학교 뒤에 있는 잡초 밭을 열심히 뒤졌다. 이런 몇몇을 빼고는 주변에 이름을 아는 풀이 얼마 없었고 나머지는 내게 그냥 잡초였다.

이름 모를 풀 중에서 노란 꽃술에 하얀 꽃잎을 가진 작은 꽃을 좋아했다. 모양이 계란을 닮았다고 해서 어떤 친구들은 '계란꽃'이라고 불렀다. 국화를 닮은 모양에 사방에 지천으로 피어 있는 모습이 좋았다. 하지만 그 모습도 꽃이 필 때나 그렇고, 봄에서 여름까지는 전형적인 잡초의 모습이었다. 작고 연약해 보이는 꽃과는 달리 억센 줄기가 길고 무성하게 자랐다. 길게 뻗은 녀석은 키가 어린아이만 했다. 햇살이 늘어지는 오후에 학교에서 집으로 가는 길에 손으로 당겨봐도 쉽게 꺾이지 않을 만큼 튼튼했고 번식력도 좋았다. 거짓말을 조금 보태면, 빈터마다 그 풀이 가득했다. 너무 흔해서였을까? 그 풀의 이름조차 모르는 채로 시간은 흘렀고 딱히 떠올릴 겨를도 없이 어른이 되었다.

나중에 그 풀을 다시 만나게 된 것은 〈잊어야 할 일은 잊어요〉라는 곡을 작업하면서다. '화려하지 않지만 작게 빛나는 아름다운 것들 그러나 문득 잊히곤 하는 것들'을 생각하다가 문득 강변에 가득 핀 꽃을 보았고, 디자이너와 함께 촬영한 여러 사진 중에서 한 컷을 골라 앨범 표지를 만들었다. 크지도 화려하지도 않은 꽃들의 수수하고 편안한 느낌이 좋았다. 얇은 종이를 네 번 접어 가사지 뒷면에 작은 포스터처럼 인쇄해 CD 케이스 안에 넣었다. 벽에 붙여놓고 보니 화면에서 본 모습보다 더 보기 좋았다.

"영원히 잊히지 않는 일도, 노래도 없을 것이라고 생각합니다. 하지만 무수히 흩날리는 시간 속에서 흔들리면서도 조금 더 천천히 사라지는 것들이 있겠지요. 그 아름다운 것들을 위해서, 잊어야 할 일들은 잊을 필요도 있을 것 같습니다."라고 앨범 소개문을 쓸 수 있었던 것은 그 순간 강변에서 들꽃 무리를 보았기 때문이고, 이름도 모르는 꽃이 오랜 시간 주변에 있는 듯 없는 듯 함께한 기억이 떠올랐기 때문이었다. 여전히 이름은 모른 채로. 그제서야 그 풀의 이름을 찾아봤다.

개망초. 사진을 찍고 앨범 소개문을 쓰면서 '개망초'라는 이름을 알게 되었다. 잊어버림을 말하는 앨범 표지에 들어간 들꽃의 이름에 '잊을 망(忘)' 자가 들어간다고 생각해, 운명처럼 느껴졌다. 하지만 찾아보니 개망초의 '망'은 '잊을 망'이 아니었다. 개망초는 외래종 식물로, 일제 강점기에 전파 되었다는 설이 있는데, 시기가 시기인 만큼 나라가 망하고 피어난 풀이라는 의미를 갖고 있다고 한다. 망 자의 한자는 '우거질 망(莽)'을 쓰고, 비워둔 땅에 무성히 자라는 잡풀이기에 붙은 이름이라고 보는 설도 있다. 하지만 그 뜻을 알고 나서도 내게는 이 풀의 이름이 '잊어버림'을 말하는 것만 같았다. 나라 잃은 것도 그 주인이 누구인지 타의에 의해 잠시 잊은 것이요, 땅이 잊혀서 방치되었기에 풀이 우거지는 것 아니겠는가.

그렇게 이름을 알고 나서 개망초를 더 좋아하게 되었다. 개망초는 꽃말도 멋지다. '가까이 있는 사람을 행복하게 해주고, 멀리 있는 사람은 가까이 다가오게 해준다.' 눈에 띄게 화려하지는 않지만 자기를 알아주는 사람을 행복하게 만드는, 멀리 있는 사람도 가까이 다가와 알게 되는 개망초 같은 노래를 만들고 싶다. 〈잊어야 할 일은 잊어요〉가 그런 노래가 될 수 있을까?

무더운 날을 버티고 살아내다 보면 깨닫지 못하던 새하얀 꽃을 어느새 피워내는 개망초처럼. 잊어야 할 일은 잊고서 새로운 시간이 찾아올 거라고 믿는다.

잊어야 할 일은 잊어요
아직까지 잠들지 못했나요
잊어야 할 일은 잊어요
아직 나는 잘 모르겠어요

잊지 못할 사랑을 하고
또 잊지 못할 이별을 하고
쉽지 않은 마음을 알지만
그런 사람이 어디 한둘인가요

마음대로 되지 않는 걸
담아둬서 무엇할까요
잊어야 할 일은 잊고서
새로운 시간으로 떠날까요

브로콜리너마저, 〈잊어야 할 일은 잊어요〉

이사를 앞두고 짐을 정리하면서, '버리는 게 뭐가 그렇게 어렵다고 이 많은 것들을 남겨두었나.' 생각하게 될 때가 있습니다. 하지만 물건들을 하나둘 정리하고 메모들과 사진들을 돌아보면서, 사실 '버리는 일'보다는 '이것이 버려야 할 것인지 아닌지 결정하는 일'이 어려웠기 때문이라는 사실을 깨닫게 됩니다. 가장 중요한 일이기도 하고요.

무엇을 소비하느냐가 어떤 이를 정의할 수 있다는 말을 들은 적이 있습니다. 하지만 누군가 무엇을 버리고 잊는가 하는 것이 어쩌면 더 그 사람의 속을 잘 보여주지 않는가 생각되기도 합니다. 더 은밀하고 개인적인 일이니까요.

'잊어야 할 일은 잊으라'는 주문은 잊지 말아야 할 것은 잊지 말라는 이야기이기도 합니다. 영원히 잊히지 않는 일도, 노래도 없을 것이라고 생각합니다. 하지만 무수히 흩날리는 시간 속에서 흔들리면서도 조금 더 천천히 사라지는 것들이 있겠지요.

그 아름다운 것들을 위해서, 잊어야 할 일들은 잊을 필요도 있을 것 같습니다.

「잊어야 할 일은 잊어요」 소개문

남기지 않고

특별한 일 없이 보내는 주말이 있다. '어디 한번 나가볼까.' 하다가도 그냥 집에 있기로 한 나는 냉장고를 뒤져보곤 한다. 그동안 냉장고에 묵혀 있던 재료를 먹어버리기 위해서다. 마침 음식을 포장 주문하며 받은 콜라가 남아 있고, 요리할 타이밍을 놓쳐 얼려두었던 토막 닭이 있다. 급한 대로 덩어리째 얼려둔 간 마늘을 냉동고에서 꺼내 주사위 모양으로 썬다. 꽝꽝 언 재료를 썰 때는 뜨거운 물에 담갔다 뺀 칼에 체중을 싣는 것만으로도 무리하지 않고 잘 자를 수 있다. 썰어놓은 청양고추가 두 봉지 있길래 하나로 합치고 일부를 간장, 콜라, 마늘 그리고 기타 양념과 함께 섞어 양념장을 만들었다. 적당히 녹은 닭고기를 양념에 재운 뒤 에어프라이기로 조리하니 먹을 만한 닭구이가 되었다. 두 끼 연달아 닭을 먹으니 살짝 물리는 감이 있었지만 그래도 꽤 맛있었고, 재료를 버리지 않아도 되니 기분이 좋았다.

애초에 먹을 만큼만 구입하면 정말 좋겠지만 그게 생각처럼 되지 않는다. 필요한 순간에 필요한 것이 있게 하려면 필요 없는 것도 가지고 있을 때가 생긴다. 음식이 아니라도 그렇다. '공간을 크게 차지하지 않고 영구적으로 보관할 수 있는 물건이라면……' 하고 생각해본 적도 있었으나 살아보니 거의 모든 것이 그렇지 않았다. 닳고 해지고 기능을 상실하고. 남는 것은 기억뿐이다. 무언가 새로 사고 들이는 일을 주저하게 된 이유도 그래서다. 새로 구입하려고 몇 달을 들여다보던 베이스 기타에 대한 마음도 어느새 시들해졌다. 이 예쁜 악기를 내가 구입해서 무엇 할까? 이미 사용할 것은 차고 넘치게 있는데.

하지만 이런 생각도 우습다. 한때 이것저것 마음껏 소비했던 것도 아니고, 조바심이 생겨 덜덜 떨면서 큰마음 먹고 할인할 때 구입하다가 갑자기 이렇게 또 세상 많은 것을 가지고 있는 것마냥 구는 내 모습이 얄팍하게 느껴진다. 하지만 다 먹지 못하고 버리는 음식이 넘치고 프리미엄을 붙여 비싸게 산 물건을 사용하지 않고 모셔두는 세상에서 어떤 선택을 해도 패배자가 되는 기분이다. 그저 지금 정말 필요로 하는 것들만 챙겨 소비하면 무승부에 도전할 수 있으려나?

노래 생산자로서 느끼는 감정도 양가적이다. 수없이 만들어지는 노래들 사이에서 어떻게든 새로운 무언가를 디밀어야 할 것 같은 마음과 더불어 '그럴 만한 가치가 있는가?' 하는 질문을 끊임없이 하게 된다. 녹음되지 않고 기록되지 않은 채로 어느 인생의 몇 분을 채우고 그 여운으로 살아가는 향기로운 뮤지션이 되고 싶다. 그러나 그러다가는 나의 생계도 음악도 흩어질 뿐이겠지? 이런 생각이 음악 일을 직업으로 삼으며 가장 큰 고민이 될 줄을, 시작할 때는 전혀 알지 못했다. 그러나 이미 시작은 했고, 꽤 오랜 시간이 흘렀고, 앞으로도 한동안은 지속될 것이다.

가끔 책장에 꽂힌 CD들을 꺼내 들어본다. 음원 서비스가 보편화되기 전의 음반들은 이제 따로 들어볼 곳조차 없는 경우도 있다. 아직 CD를 재생할 수 있는 것만으로도 감지덕지다. 어느 날 재생되지 않으면 그날로 그 곡과는 안녕인 셈이다. (그전에 백업을 해두면 좋겠지만.) 사실 어디선가 파일을 구할 수 있고 정식으로 스트리밍 서비스가 되고 있더라도 누군가 더 이상 듣지 않으면 그 음악은 끝이라고 볼 수 있겠지.

내가 만든 것들을 방치된 채로 남기지 않고 다 잘 정리하고 가고 싶다. 나중에 새로운 노래를 만들지 못하게 되어도 그걸로 끝은 아닐 것 같다는 생각이 든다. 더 이상 다음 활동의 동력이 없는 뮤지션들의 소식이 조금씩 뜸해지고 활동을 쉬거나 팀을 해체하고 언젠가 잊힌다는 것을 잘 알고 있지만, 그래도 단종된 제품의 서비스를 유지하고 싶은 마음이라고 할까? 원곡과 조금 다른 연주와 노래를 가끔이라도 들려줄 수 있다면. 범죄를 저지르거나 사회적 물의를 일으

키지 않고 이렇게 저렇게 잘 살고 있다면. 나와 우리의 음악을 사랑했던 사람들을 실망시키지 않고 함께 과거를 회상할 수 있다면. 뒷모습이 화려하지 않아도 꽤 괜찮을 것 같다.

안 돼요

끝나버린 노래를

다시 부를 순 없어요

모두가 그렇게 바라고 있다 해도

더 이상

날 비참하게 하지 말아요

잡는 척이라면은 여기까지만

제발

내 마음 설레이게

자꾸만 바라보게 하지 말아요

아무 일 없던 것처럼

그냥 스쳐 지나갈

미련인 걸 알아요

아무리 사랑한다 말했어도

다시 돌아올 수 없는

그때 그 맘이 부른다고 다시 오나요

아무래도 다시 돌아갈 수 없어

아무런 표정도 없이 이런 말하는

그런 내가 잔인한가요

브로콜리너마저, 〈앵콜요청금지〉

3장.
위로가 실패로 끝난다고 하더라도

그럴 수도 있었지

어이쿠. 생각지도 못한 순간이었다. 회전하던 차가 코너에 걸렸다. "콰직." 하는 소리와 함께 차가 멈췄다. 다행히 근처에 다른 차는 없었다. 놀라긴 했지만 다친 곳은 없었다. 차를 갓길에 잠시 세운 뒤 내려서 살펴보니 내가 부딪친 난간 모서리가 보기보다 조금 더 튀어나와 있었다. 나만 실수한 것은 아닌 듯 난간엔 차 여러 대가 몇 번이나 긁고 지나간 것처럼 보이는 흔적이 있었다. 차를 살펴보니 범퍼가 긁혀 있었다. 모서리가 깨지진 않았지만 헤드라이트 안쪽의 플라스틱 부품이 떨어져 나가 있었다. 렌터카 회사에 연락하면서 '이런 일이 일어나지 않았더라면.' 하고 생각했다. 그러면 이렇게 시간을 뺏기고 수리비를 지출하지 않아도 될 텐데. 이런 수고를 하지 않았을 텐데. 혹시 나중에라도 몸이 아프진 않을지 걱정할 필요가 없었을 텐데. 조금만 더 넉넉하게 간격을 잡고 돌았으면 좋았을걸. 그랬으면 이렇게 스스로 탓하지 않았을 텐데.

그러나 후회한다고 해서 일어난 사고가 없어지는 것은 아니다. 이미 일은 일어난 마당에 결과를 받아들이고 해결하기 위해서 노력할 뿐이다. 다만 사고가 일어나기 전에 할 수 있었던 일들을 유념하고 앞으로는 사고가 일어나지 않도록 조심하는 수밖에 없다. 예전에는 예상할 수 없는 부분에 대해서 자책하고 생각을 떨쳐버리기 어려웠던 적도 있었다. 그래도 이제는 그런 것들을 구분할 수 있다. 그저 '예상할 수 있는 일에는 좀 더 대비할 수 있지 않을까?' 하고 생각하는 편이다. 더 안전하게 운전하는 습관을 지닌다거나 주차할 때 주위를 더 세심히 살핀다든가. 그래도 이번에 조금이나마 마음이 여유로울 수 있었던 것은 조금 비싼 (그렇지만 사고 때 부담이 덜한) 보험을 사전에 들어놓았기 때문이다. 차를 렌트할 때는 그 얼마의 보험료가 아깝다고 느낀 적도 있었는데, 사실 그렇지 않다는 것을 이번 경험으로 알게 되었다.

  이번 일이 아니었다면 나는 여전히 보험료가 비싸다고 느꼈을 것이다. 하지만 사람이 다치는 사고가 났다면 그보다 더 큰 수업료를 냈을 것이다. 이번에는 그나마 차량 일부만 손상됐으니까 감당할 수 있는 정도다. 하지만 그보다 중대하고 큰 문제였다면? 돌이킬 수 없는 상태가 되고 나서야 '미리 대비할걸.' 하고 후회해봤자 의미 없는 것 아닌가. 그래서 평소에 우리는 주변 사람들에게 조언을 구하기도 하고, '○○를 할 때 꼭 신경 써야 할 것들' 같은 정보를 공유하기도 한다. 꼭 필요한 것들은 학교에서 가르치기도 하고. 직접 경험하지 않더라도 필요한 것들, 미리 준비하면 좋은 것들을 갖추기 위해서다. 그런 정보가 시간을 거치며 누적되었기에 지금 인류가 이런 모습으로 살 수 있는 거겠지. 매번 어떤 게 독버섯인지 경험으로 알 수밖에 없다면 인류가 어떻게 지금까지 살아남을 수 있었을까.

개개인이 준비하기에 너무 큰 일도 있다. 요즘처럼 많은 사람이 함께 살아가는, 다양한 분야에서 고도화된 사회에서는 이런 일들을 개인의 몫으로만 남겨두지 않는다. 원래 그런 것처럼 자연스럽게 굴러가는 세상의 뒷면에는 과거의 경험을 통해서 구축된 시스템이 있(어야 한)다. 그리고 그 안에서 자기 일을 묵묵히 하는 사람들이 있을 것이고. 그 시스템이 제 기능을 못하기 전까지는 드러나지 않기 때문에 보이지 않는 곳에서 필요한 일을 하는 사람들은 역할의 중요성에 비해 가볍게 여겨지는 것 같다. 그들에 비하면 복잡하고 정교한 사회에서 영향력 있는 결정을 해야 하는 이들이 그 역할을 못하고 책임지지 않는 모습은 얼마나 한심한지.

곧 대학 수능 시험날이 다가온다. 예년 같으면 수능 한파 이야기가 화제가 될 법도 한데 올해는 그냥 지나가는 듯하다. 대학 수능 시험이 인생의 전부는 아니지만, 청소년기를 마무리하는 시기에 놓인 그들에게 무슨 말을 해주어야 할지 모르겠다. 해야 할 일을 하지 않은 사람들 때문에 무엇이든 할 수 있었던 사람들이 그러지 못하게 되었다. 변명만 늘어놓고 책임을 회피하는 사람들은 영영 이 상황을 수습할 수 없을 것이다. 결국 아무것도 할 수 없는 상태로 나아갈 것이다. 그 과정에서 수많은 사람이 선택할 수 있었던 다른 가능성을 파괴해가면서.

* 이 글은 2022년 10월 29일 이태원 참사 이후 썼습니다.

인세를 보내며

가수 이승기 씨가 데뷔 이후로 음원 인세를 한 푼도 정산받지 못했다는 뉴스를 들었다. 톱스타로 오랜 시간 성과를 내왔음에도 응당 받아야 할 인세를 전혀 받지 못한 것도 황당한데, 그 이유가 자신이 부족해서라고 알고 있었다는 점이 너무 안타까웠다. 하물며 그 정도 되는 사람도 이런 일을 겪는데 실제로 수익이 크게 발생하지 않는 경우는 어떨까. 돌아보면 나도 '인디음악은 원래 돈이 안 되니까.' 하고 크게 신경 쓰지 않는 경우가 많았다. 이런저런 이유로 제대로 정산을 받아본 적이 애초에 없는 경우도 업계에 허다할 것이다. 그러다 보면 액수를 떠나 스스로에 대한 판단도 흐려질 수 있다고 생각한다.

나는 비교적 나의 창작물에 대한 대가를 정당하게 받아온 축에 속한다. 물론 더 적게 평가받고 인정받지 못한 경우도 있었겠지만, 대부분의 작업물을 직접 제작하고 관리해왔기에 그럴 수 있었다. 계약이나 합의 없이 진행한 초기의 일부 작업물 중에는 이제 행방을 모르는 것도 있다. 그러나 본격적으로 활동을 시작한 이후에는 그 성과가 크든 적든, 대체로 결과까지 다 책임지고 받아들이려고 하고 있다. 처음에는 적어도 내가 어떻게 얼마나 소비되는지 알고 싶은 마음에서 작업물의 권리관계 등을 챙겨왔지만 결국 오랫동안 음악을 할 수 있는 동력이 되어주었기에 과정이 번거롭고 힘들어도 의미 있었다.

매달 돌아오는 중요한 업무 중 하나는 함께한 창작자들에게 인세를 보내는 일이다. 매달 25일에(하루이틀 늦어질 때도 있지만) 인세를 보낸다. 오랜 활동 기간에 비해서 그 액수가 그렇게 크지는 않지만, 동료들에게는 중요한 수입원이다. 액수가 너무 적어 민망할 때도 있지만 함께해준 창작자들에게는 노고에 대한 보답이 되기를 바란다. 올 연말에는 손익분기점을 넘은 한 작업의 인세를 분배할 예정이다. 소액이라 정산 주기가 긴 작업도 있는데, 올해를 넘기기 전에 잘 마무리해서 송금하고 싶은 마음이다.

정산 작업을 하면서 돈을 보내는 입장이라는 사실이 상당한 권력처럼 느껴지기도 한다. 얼마만큼 돈이 들어오고 나갔다는 정보를 내 손에 쥐고 있다는 권력을 마음대로 휘두른다면 누군가에게 쉽게 상처 줄 수도 있다. 하지만 정산하는 입장에서도 분배해야 할 것이 있고, 그것을 투명하게 공개하고자 한다면 그만큼 부담되는 일도 없을 것이다. 뭔가 빼놓은 것은 없는지, 내가 알맞은 역할을 수행하고 있는지 생각하기 시작하면 때로 초조해지기도 한다. 그런 부담

때문일까? 이런 역할을 피하고 싶었다. 예전에는 같이 일하는 스태프가 이 일을 담당해주었는데, 코로나 이후로 축소된 업무 환경에서 온전히 스스로 할 수밖에 없게 되었다.

직접 일해보고 느끼길, 늘 회사가 아티스트를 속이거나 착취하는 것은 아니다. 더 손해 보는 경우도 허다하다. 하지만 그 과정을 공유하는 과정이 빠져 서로 신뢰할 수 없다면 본질과 무관하게 의구심이 생길 수밖에 없다. 이 업계에 들어오는 새로운 사람들이 "이번 공연의 출연료는 얼마입니까?" "이번 달에 정산되는 음원(또는 음반)의 매출은 얼마인가요?" 하고 물어보는 일을 부끄러워하지 않았으면 좋겠다. 그리고 회사는 그것에 답하는 것에 게으르지 않았으면 한다. 나도 '어련히 알아서 주겠지.' 하고 아르바이트비에 대해서 묻지 못했던 날도 있었다. 만약 그 시절로 다시 돌아간다면 그러지 않을 것이다.

"비겁맨." 이 우스꽝스러운 한글과 외래어의 조합을 떠올리게 된 것은 만화의 한 장면이 너무나 인상 깊었기 때문입니다. 하지만 누구나 그렇듯이 숙명적인 비겁함을 안고 살아가는 우리들을 어떤 말보다 잘 표현했다는 생각이 들어 곡의 제목으로 쓰게 되었습니다. 정말 솔직하게 스스로의 바보 같은 점을 인정하기는 쉽지 않은 일이기에 우리는 꼭 그래야 할 때 그러지 못하고 시간을 보내곤 합니다. 그리고 너무 늦게 받아들이거나 혹은 끝내 인정하지 않거나 스스로의 행동을 미화하기도 하거나 혹은 셋 다일 수도 있겠죠. 이 노래는 최소한 그런 자신을 발견하는 한 사람에 대한 이야기입니다. 이미 늦었다고 할 수도 있겠지만 우리 삶은 길고 언젠가는 비겁맨이 아니게 될 수도 있겠죠.

「비겁맨」 소개문

모든 것이 업보

얻는 것이 있으면 잃는 것이 있다고 생각한다. 그렇다고 해서 만화 『강철의 연금술사』에 나오는 '등가교환의 법칙' 정도로 엄격한 기준은 아니다. 그저 받은 것에는 대체로 그만한 이유와 대가가 있다는 정도? 하지만 그 청구서가 적절한 내용으로 적당한 때에 날아오지는 않는다고 늘 생각한다.

제때 날아오지 않는 고지서는 이 원칙에 무쌍한 변화를 주는 핵심 요소다. 천벌을 받아 마땅한 사람이 여전히 번들거리며 살아가는 모습을 볼 때마다 화가 난다. 만만한 누군가에게는 지나칠 만큼 가혹한 주제에. 살아온 날들이 길어짐에 따라 지켜보니 인과응보의 법칙은 얼추 맞아떨어진다 싶지만, 항상 꼭 그렇지는 않은 것 같다. 과연 그들에게 준비된 고지서가 있는지, 그 내역은 어떨지는 살면서 더 지켜봐야 할 것 같다.

하지만 소심인으로 살아가는 나는 남의 거대한 청구서에 대한 관심 이상으로 내가 갚아야 할 모든 업보를 먼저 생각한다. 한때 좋아했던 뮤지션의 옹호하기 힘든 행보를 보며 내가 느낀 실망감으로 미루어 볼 때 "음악 잘 듣고 있어요."라는 인사 뒤에는 얼마나 무섭고 무거운 실망의 골짜기가 있을지 섬뜩하다. 심지어 나는 그것을 눈으로 보지 못할 것이기 때문에 언젠가 잘 모르는 채 그 위를 지나가야 할 것이다.

살면서 양쪽이 모두 둥근 면봉 같은 말만 할 수는 없기에, 내가 뱉은 말이 언젠가 나를 찌를 거라고 생각한다. 삼키는 것과 뱉는 것은 이어져 있는 것 같다. 속에 있을 때는 괜찮던 것도 밖으로 드러나면 더럽게 느껴지고, 더러운 것도 속에 있을 때는 그만큼 역하게 느껴지지 않는다. 그러나 결국 내 안에서 나온 것들에 대해서는 원칙적으로 내 몫을 삼킬 수밖에 없다. 물론 내 몫이 아닌 것까지 삼킬 필요는 없지만.

약간의 빈틈을 노려볼 수도 있을 것 같은데, 실망도 따라오지 않을 만큼의 작은 관심을 의외로 폭넓게 받으면서 왠지 인상은 흐릿한 사람이 될 순 없을까? "세상 사람들이 나를 잘 모르고 돈이 많았으면 좋겠어요."라고 말하고 싶은 건 아니다. 다만 마음을 크게 의지하거나 흠뻑 좋아하지 않는 상태로 '들어본 적 있는데 그 노래 한 번 더 들을 만하더라.' '공연 한번 가보면 좋겠네.' 정도의 마음을 '줍줍'해서 살고 싶다.

위로가 실패로 끝난다고 하더라도

직업이 무엇이냐는 질문에 음악하는 사람이라고 당연하게 대답하는 편이지만, 실제로는 이런저런 다양한 일을 하고 있다. 노래를 만들고 부르는 일 말고도 방송에 종종 출연하고 가끔 글을 쓰기도 한다. 일주일에 한 번은 심야 라디오를 진행하면서 많은 사람의 이야기를 만난다. 유쾌하고 즐거운 이야기부터 격려와 위로, 공감이 필요한 사연 그리고 가끔은 너무 힘든 상황까지도. 밤늦은 시간이라 그런지 모든 사연에 그 시간까지 잠들지 못하고 있는 고단함이 느껴진다. "그래도 괜찮을 거예요." 하고 웃으며 말하려다가도 목에 그 말이 걸릴 때가 있다.

힘든 사연에 어떻게든 잘 답하고 싶지만 쉽지 않다. 방송 시간이 한정적이기 때문이고, 방송을 매끄럽게 이어가야 하기 때문이고, 원래 말이 지닌 한계도 있으니까. 그들의 사연 너머에 있는 섬세한 결을 다 알 길이 없는 나로서는 더듬더듬 짚어갈 뿐인데, 그러다 혹시 아픈 곳을 물색없이 건드는 건 아닐까? 전파 너머의 상대는 '맞다.' '아니다.' 대답해 줄 수도 없는데. 혹시 방송이 아니라면 다를까? 자문해도 별도리가 없다.

이럴 때 음악의 힘을 빌릴 수 있어서 다행이다. 가끔 사연 뒤에 적절한 노래가 이어지면 이런 부담감에서 조금은 자유로워진다. 말로 하기 어려운 위로를 음악이 대신하면서 다음 이야기로 넘어갈 수 있게 환기시켜주기도 하니까. 하지만 보통은 아쉬움이 남는다. 그 사연이 무거우면 무거울수록 더 그렇다. '아, 이런 상황에 맞는 노래가 있으면 참 좋을 텐데.' 하고 생각하면서도 적절히 무난한 노래를 틀며 느끼는 안타까움. 노래 만드는 입장에서는 그런 무난한 노래를 만들면 좋겠다고 생각하지만……. 과연 그런 걸로 괜찮은 걸까?

이런 생각이 들 때면 초점을 의도적으로 흐려야 한다. 너무 몰입하면 오히려 흐름을 잃는다. 걸음걸이를 의식하지 않으면 다른 생각도 하며 걸을 수 있지만 걸음걸이에 너무 신경 쓰다 보면 자신의 보폭을 잃어버리는 것처럼. 어쩔 수 없이 '감각하는 나'와 '표현하는 나' 사이에 거리를 두어야 프로처럼 일을 매끄럽게 해낼 수 있다. 말할 때도 그렇지만 노래할 때도 그렇다. 위로하고 연대하고 싶은 마음이 클수록 나는 속에서부터 무너지는 기분이다.

진심으로 위로하고 공감하고 싶었던 연대의 현장에서 자꾸 눈물이 나와 막상 노래 자체는 엉망이 되어 공연을 망친 적이 있다. 목소리는 기어들어가고 가사와 멜로디는 알아들을 수 없게 되어버린, 그리고 종종 멈추곤 했던 그때의 무대에 어떤 의미가 있었을까? 내가 할 수 있는 말과 노래는 끝이 무뎌서 작고 복잡한 테두리를 가진 이야기들을 온전히 칠하기 힘들다. 자꾸만 거칠게 삐져나오는 바람에 움츠러든다.

하지만 정신 차려야 한다. 그러다 보면 아무것도 그려낼 수 없다. 오은영 선생님 말씀처럼, 다 울었으면 이제 할 일을 해야 한다. 진심과 기술을 각각 반씩 잘 섞는 것은 어쩌면 이 일의 고유한 성격일지도 모른다. 두 가지 요소의 성격이 달라 함께할 수 없을 것 같지만 물과 기름도 마요네즈처럼 섞이기도 하니까. 하지만 아직 경험이 많이 부족한가 보다. 잠시 흔들어 섞어놓아도 다시 분리되는 이것들을 최소한 '섞인 것처럼 보이게' 오늘도 계속해서 흔들 수밖에 없다.

주말에 대구로 간다. 공군 이예람 중사의 추모 공연에 참여하기 위해서다. 연주할 곡을 정하고 연습을 해야 하는데, 셋이 모여서 한참을 고민만 했다. 선곡하기가 너무 어려웠기 때문이다. 어떤 노래는 그의 고통스러웠을 마음을 자꾸만 떠올리게 해서 제대로 부르기 힘들었다. 어떤 노래는 남아 있는 이들에게 쉽지 않을 것이라는 생각에 선곡을 주저하게 되었다. '아, 이건 안 될 것 같은데.' 하는 생각이 들어서 연습하는 도중에 몇 번이나 곡을 세트리스트에서 넣었다 빼기를 반복했다. 주최 측에서 사전에 제안해준 곡이 없었다면 끝내 결정하지 못했을 수도 있다.

생전에 그가 브로콜리너마저의 노래를 많이 좋아했다는데, 우리는 어쩌면 좀 더 일찍 만날 수도 있었을 것이다. 그래서 이렇게 만나게 된다는 사실이 비통하고 안타까웠다. 비록 위로가 실패로 끝난다고 하더라도, 아니할 수는 없다. 다들 꾹꾹 참으면서 하고 있으니까.

황망함

2011년 서울대학교에서 국립대 법인화를 밀어붙이려는 대학본부와 학생들이 충돌한 일이 있었다. 대학본부를 점거하고 농성을 벌이던 학생들이 대학본부 앞 잔디밭에 자발적으로 페스티벌을 꾸렸다. 이에 몇몇 인디밴드가 참여했고, '대학본부'와 '우드스탁 페스티벌'*을 합쳐서 '본부스탁 페스티벌'이라고 부르게 되었다. 장난스러운 이름으로 시작된 이 기획이 예상치 못하게 발전하자 대학본부는 공연 전날에 장비 반입을 방해하기 위해서 셔틀버스로 길을 차단했다. 하지만 학생들과 공연자들을 막을 수는 없었다.

본부스탁 페스티벌에 참여한 팀 중에 브로콜리너마저도 있었다. 당시에 우리는 홍대 상상마당에서 '이른열대야'라는 이름으로 장기 공연을 하고 있었지만 본부스탁 페스티벌의 취지에 공감해 참여하기로 한 상태였다. 밴드의 모든 장비가 상상마당 공연장에 설치되어 있었기에 어쩔 수 없이 기타와 멜로디언만 본부스탁 공연에 가져가기로 했다.

브로콜리너마저는 본부스탁 페스티벌의 두 번째 날에 출

---

* 1969년 미국 뉴욕주 베델의 맥스 야스거 농장에서 열린 음악 페스티벌로, 1960년대 미국의 반전 목소리와 자유, 평화의 가치가 두드러진 전설적인 페스티벌로 회자된다.

연했다. 공연은 낮부터 이어졌다. 첫날 공연 소식이 인터넷으로 널리 알려져서인지 페스티벌 분위기가 꽤 그럴듯했다. 시간이 흐르고 해가 저물어갔지만 잔디 광장에는 사람이 점점 더 늘어났다. 우리는 일찌감치 도착해 앞선 팀들의 공연을 보면서 순서를 기다렸고, 어느덧 무대에 오를 준비를 할 시간이었다. 악기가 간소해서 준비할 것은 많지 않았지만, 의미 있는 공연이어서 긴장감은 더하면 더했지 덜하지 않았다.

그때 갑자기 전화벨이 울리기 시작했다. 앞 팀 무대가 거의 끝나가는 상황이었다. 아직 연주 중이어서 꽤 시끄러웠다. 웬만하면 통화하지 않고 나중에 따로 연락할 법도 했는데, 잠시 전화를 받았던 까닭은 전화를 건 사람이 최근 오랜만에 연락이 닿은 고등학교 동창 신욱이였기 때문이다.

윤신욱은 고등학교 3학년 때 반장이었는데, 항상 반 친구들을 웃겨주던 밝고 쾌활한 친구였다. 놀기 좋아하고 축구도 좋아했던 친구. 좋아하는 여학생 이야기를 귀에 딱지가 앉을 정도로 많이 했는데 그 모습이 귀여워서 계속 들어줬던 기억도 난다. 대학에 진학한 뒤에는 연락이 뜸해졌고 입대한 뒤에는 소식을 몰랐는데 얼마 전에 내 연락처를 신욱이가 알아내 전화해온 것이었다. 스포츠부 기자가 되었다는 소식을 전하면서 내가 음악하고 있다는 이야기를 듣고 반가웠다고, 꼭 한번 보자고 이야기를 나눈 때가 며칠 전이었다. '일단 지금 바로 무대에 올라가야 되니까 이따가 통화하자, 알긋나?' 하고 전화를 끊을 참이었다.

그런데 전화를 받자 상대편에서 들리는 것은 낯선 목소리였다. 회사 동료라고 했다. 강원도 어디쯤인데, 어느 장례식장에서 신욱이의 장례를 치르게 되었다고 했다. 최근에 신욱이가 많이 이야기했다고, 혹시 장례식장에 와줄 수 있냐는 말도 했던 것 같다. '같다'라고 쓴 이유는 정말로 그 순간 엄청나게 멍해졌기 때문이다. 잠시 정신을 못 차리다가, 알겠다고 잠시 뒤에 다시 연락을 드리겠다고 하고서는 전화를 끊었다. 그러지 말았어야 했는데. 너무 시끄러웠는데 너무 정신이 없었고, 무대에는 올라가야 했고.

공연이 끝난 뒤, 신욱이 번호로 다시 연락해봤지만 아무도 받지 않았다. 그렇지, 이제 이 번호로 연락할 사람은 세상에 없겠지. 어떻게 해야 할지 생각이 나지 않았다. 병원 이름도, 지명도, 연락해준 분의 성함도 정확히 기억나지 않았고, 밤은 깊었고, 다음 날은 공연이 있고. 어찌할 바를 모르는 채로 다음 날을 맞았다. 그러고 나서 나는 꽤 오랜 시간 동안 이 일을 곱씹어야 했다. 전화가 처음 왔을 때 어디로 가야 할지 확인했어야 했나? 아니면 답이 올 때까지 계속 연락을 시도해야 했을까? 다니던 회사로 전화했다면 늦게라도 알 수 있지 않았을까? 대체 어쩌다가 어떤 연유로 녀석은 갑작스레 이런 소식을 전하게 된 걸까? 시간은 많이 흘렀지만 그때의 황망함은 아직도 마음에 남아 있다.

'황망하다'의 뜻은 '마음이 몹시 급하여 당황하고 허둥지둥하는 면이 있다.'라고 한다. 주로 조문의 뜻을 표할 때 많이 사용되어서 잘 모를 때는 이 단어가 슬픔과 안타까움을 나타낸다고만 짐작했다. 그래서 처음 단어의 정확한 뜻을 알고 조금 당황했다. 하지만 이제는 알고 있다. 갑작스럽게 다가오는 작별의 순간은 언제나 준비할 수 없기에 부고를 마주하고 나서 황망하지 않기란 어렵다는 것을. 어른이 되어가면서 황망한 가운데도 나의 도리를 놓치지 않아야 한다는 것도 알게 되었고. 그때 나는 그러지 못해서 지금까지도 윤신욱을 떠올릴 때면 황망한 마음이 된다.

마지막으로 얼굴을 봤을 때 우리는 아마 스물하나 아님 스물둘 정도였을 것이다. 그때도 신욱이는 갑작스럽게 전화를 걸어와 입원했다고 말했다. 너는 양팔을 모두 다쳐서 붕

대를 감고 있었지만 여전히 개구진 표정으로 나를 반겨주었다. "너는 어떻게 대학생이 되어도 예전이랑 똑같냐." 하며 나는 혀를 찼고, 학교는 다르지만 같은 전공 책 『커뮤니케이션학 개론』을 본다는 사실을 확인하기도 했지. 시간은 많이 지났는데 아직도 목소리가 생생하게 기억나는 게 참 신기하다. 네가 연락해왔을 때, 못 본 지 시간이 많이 지났는데도 찾아줘서 참 반가웠는데. 나는 결국 찾아가보지 못하고 이렇게 여전히 황망해하고 있구나. 멀리서 편안하길 바란다.

회사에서 울어본 적 있어요?

광화문 세종문화회관에 있는 서울시극단 연습실에 도착했다. 10월에 개막*하는 연극 〈일의 기쁨과 슬픔〉(이하 '일기슬')을 연습하기 위해서다. 연극이라면 어릴 적 학예회에서 해본 게 마지막 같은데, 첫 시도치고 너무 큰 무대라서 걱정이다. 인디 뮤지션 역할이니 자연스럽게 표현할 수 있을 거라는 생각에 내게 제안하신 것 같다. 전문 배우가 아니니 아무래도 많이 부족하겠다 싶었지만 많이 준비하면 될 거라고 생각하며 수락했다. 그리고 역시나 현장에서 만난 배우들의 연기를 보면 볼수록 내 자신이 점점 작아지는 느낌이었다. '열심히 해야지.' 하고 다짐하며 시작하긴 했지만 더욱더 열심히 해야겠다고 또다시 다짐해본다.

  연습은 낮에도 있지만 주로 저녁 시간에 많이 한다. 지하철을 타고 광화문역에 도착할 때쯤 대체로 퇴근 시간과 겹친다. 광화문이 사무실 밀집 지역이라는 것은 익히 알고 있었지만, 퇴근 시간의 모습을 몇 주간 연속해서 본 것은 처음이었다. 여섯 시가 약간 지난 시간. 누가 봐도 광화문 어딘가의 사무실에서 일하는 직장인처럼 보이는 많은 사람이 역 안으로 밀려들어 온다. 많이들 양복을 입어 격식을 차린 모

---

* 2022년에 개막했다.

습이지만 퇴근 시간에는 조금 더 자유로워 보인다. 양복 차림에 넥타이를 하지 않은 모습이 유독 눈에 들어온다. 약간 숨통이 트인 기분이 느껴진달까? 일할 때 정장을 입지 않는 내가 그 기분을 정확히 알 수는 없지만.

나는 오늘도 후드 티셔츠를 입고 온 참이다. 밴드 로고가 크게 박혀 있다. 격식을 차리지 않는 자리에서 일(연습이나 작업)할 때 주로 입곤 한다. 그러니까 예전에 아버지가 입고 다니던 공장 점퍼와 같은 느낌이다. 지금 연습실로 가는 것도 일하러 가는 셈이니까.

이 새로운 일터에서는 내가 가장 신참이다. 눈치껏 상황을 파악하고 조금은 쭈뼛거리면서 분위기에 섞이려고 노력하고 있다. 그나마 다양한 일을 시도해본 경험 덕에 모르는 것 있으면 최대한 잘 물어보고 늦지 않고 어디에든 빠지지 않고 참여하려는 게 전형적인 늦깎이 신입의 모습 같다. 몇 줄 되지 않는 대사를 내뱉는데 자꾸 정확하게 하지 못하고, 분위기에 맞춰야 하는 기타 연주가 자꾸 생각처럼 되지 않아서 당황스럽고 부끄러웠다. 이렇게 나 자신에게 화가 날 때면 처음 무대에 섰던 때가 떠오른다. 인디밴드는 주변 눈치를 보지 않아도 될 것 같았는데 그렇지 않았던 때가 많았다. 무대 위에서도 무대 밖에서도.

연극 출연에 관해서 인터뷰를 했다. 기억나는 대사를 꼽아달라는 질문에 답하기 어려웠다. 내가 맡은 '장우' 역은 대사가 많지 않기 때문이었음을 이 지면을 통해 고백한다. 하지만 극 전체에서 가장 기억나는 대사라고 하면, "회사에서 울어본 적 있어요?"라는 '거북이 알'의 대사다. (자세한 내용은 원작 소설을 통해서 확인하시길.) 〈일기슬〉의 원작은 동명의 단편소설집으로, 등장인물들이 각각의 다른 이야기를 보여준다. 하지만 모든 이야기는 이 질문을 한가운데 던졌을 때 나올 수 있는 이야기처럼 느껴진다. 그렇기 때문에 한 편의 연극으로 각색되어도 자연스러울 수 있었던 것 같다. 나 역시 등장인물로서 리허설을 반복하며 이 질문을 계속 떠올렸다.

참고로 두 번째로 인상 깊었던 대사는 "울 순 없으니까 한숨이라도 쉬나 보죠."다. 울고 싶지만 한숨을 쉬면서도 어떻게든 해나가는 게 어른의 모습이겠지.

"회사에서 울어본 적 있나요?" 이 질문이 내게도 주어진다면 나의 답은 확실하다. 일하면서 울어본 적은 없다. 하지만 한숨은 정말 많이 쉬었던 것 같다.

울지마

네가 울면 아무것도 할 수가 없어
작은 위로의 말이라도 해주고 싶지만
세상이 원래 그런 거라는 말은 할 수가 없고
아니라고 하면 왜 거짓말 같지

울지마

네가 울면 아무 말도 할 수가 없어
뭐라도 힘이 될 수 있게 말해주고 싶은데
모두 다 잘될 거라는 말을 한다고 해도
그건 말일 뿐이지 그렇지 않니

그래도 울지마

왜 잘못하지도 않은 일들에 가슴 아파하는지
그 눈물을 참아내는 건 너의 몫이 아닌데
왜 네가 하지도 않은 일들에 사과해야 하는지

약한 사람은 왜 더

브로콜리너마저, 〈울지마〉

이웃에 방해가 되지 않는 선에서

코로나로 인해 '집콕' 생활이 길어지면서 더해지는 지루함과 운동 부족 문제를 해소하고자 결단했다. 닌텐도 게임 '링피트'를 구매한 것이다. 결정은 쉽지 않았다. 거의 1년 가까이 고민하고도 조금은 충동적인 마음을 먹고 나서야 지를 수 있었다. 고민은 길었지만 배송은 빨랐고, 난생처음 구매해본 게임기가 신기해서 떨리기도 했다. 이렇게 저렇게 게임기를 설정하는 것만으로도 하루가 훌쩍 지났다. 이런 이야기를 하면 조금 바보 같지만, 버튼을 눌렀을 때 패드에서 느껴지는 진동에 충격받았다. 화면도 정말 크고 선명했다. (마지막으로 내가 플레이해본 콘솔 게임은 플레이스테이션 2였다.)

게임기를 조작해서 게임하는 모든 순간이 신기하고 놀라웠지만 그중에서도 가장 인상 깊었던 것은 '사일런트 모드'의 존재였다. 운동하는 행위로 진행하는 이 게임의 특성상 캐릭터가 이동하려면 컨트롤러를 장착한 채로 계속 조깅을 해야 한다. 그 과정에서 층간 소음이 발생할 수 있기에 사일런트 모드로 전환해서 조깅을 무려 스쿼트로 대체할 수 있다. 게임의 난도가 급격히 올라가는 부작용이 있지만 이 모드로 플레이한다면 조깅 동작을 할 때 신체가 바닥에 닿아서 생기는 소음은 급격히 줄어든다.

거실에 매트를 깔거나 덧신을 신는 물리적인 방법, 그리고 이웃들과 긴밀히 소통하고 예의를 지키는 사교적인 방법을 넘어서 이제는 게임 자체의 모드 변경을 통해 '이웃에 방해가 되지 않는 선에서' 게임할 수 있다니, 참으로 놀랍다. 생각해보니 층간 소음이 없는 홈트레이닝 '슬로 버피 테스트'를 알게 되었을 때도 이런 생각을 했었다. 몇 번 해보지는 않았지만.

게임은 생각보다 쉽지 않았다. 운동이라고 생각해 이왕 하는 거 열심히 하려고 난도를 높여놓았더니 조금만 진행해도 땀이 쏟아지고 정신이 없을 정도였다. 어쩔 수 없이 사일런트 모드는 꺼놓고 조깅 동작을 사일런트하게 하려고 노력했다. 하루 30분 정도 하는 것도 가볍지 않은 강도였다. 하지만 그것만으로도 단조롭던 일상에 활력이 어느 정도 돌아온 것 같았다.

코로나가 아니었다면 아마 게임을 하기보다 밖으로 나갔을 것이다. 마음이 갑갑하다면 자정 무렵 공원을 달리며 가로등 불빛 아래 음악을 들었을 것이다. 운동하고 싶다면 피트니스 센터에 가거나 자전거를 탔을 것이다. 무언가 만들어야 하는데 아무것도 떠오르지 않는다면 2호선을 타고 옆사람과 닿지 않게 전철 좌석에 조신하게 앉아 있거나 늦게까지 여는 패스트푸드점이나 카페의 구석 자리에서 시간을 보냈을 가능성이 높다. 어떤 책을 살지 고민하면서 서점 안을 빙글빙글 몇 시간째 돌고 있을지도 모른다. 하지만 지금은 코로나로 외출을 삼가는 터라 몸과 마음을 붙일 곳이 어디에도 없다. 심지어 날씨마저 너무 춥다. 좋으나 싫으나 집에서 모든 것을 해결해야 한다.

그러다 보면 어쩔 수 없이 이웃과 더 많은 시간을 보내야 한다. 예전 같으면 그냥 지나갔을 수도 있는 소음에 더 민감해진다. 사회적 거리두기를 통해서 코로나의 전파 가능성을 줄이고 서로를 위하려 하는 일인데도 외려 이웃에 방해가 되는 상황이라니. 아이러니하다. 그래도 지금은 서로 걱정을 끼치지 않기 위해 가능한 한 집에 머물러 있어야 한다. 그 속에서 어떻게든 삶의 즐거움을 찾고 남에게 피해를 주지도 않으려 하니 왠지 사일런트 모드를 해서 조깅 자세를 스쿼트로 대체했을 때 느꼈던 부담감이 다시금 떠오른다.

'그래……. 끝나고 나면 더 강해져 있을 거야…….'

2021년에도 여전히 사회적 거리두기의 시대가 이어지고 있다. 코로나 2년 차를 맞으면서는 마음가짐도 변하는 것을 느낀다. 지난 한 해는 삶의 많은 부분이 잠식되는 상황을 눈 뜨고 지켜보아야만 했다. 위기감을 느끼고 조급한 마음으로 우왕좌왕한 일도 많았지만, 이제는 그조차도 일상이 되어버린 것 같다. 여러모로 팍팍한 와중에도 즐거움을 추구하고자 하는 노력이 없다면 오래 버티기 힘든 시기가 아닐까?

   이웃에 방해가 되지 않는 선에서 재미있고 즐거운 일을 많이 벌이고 싶다. 이런 마음이 꿈같은 생각이 아니면 좋겠는데.

친구가 내게 말을 했죠
기분은 알겠지만 시끄럽다고
음악 좀 줄일 수 없냐고
네 그러면 차라리 나갈게요

그래 알고 있어 한심한 걸
걱정 끼치는 건 나도 참 싫어서
슬픈 노랠 부르면서
혼자서 달리는 자정의 공원

그 여름날 밤 가로등 그 불빛 아래
잊을 수도 없는 춤을 춰
귓가를 울리는 너의 목소리에
믿을 수도 없는 꿈을 꿔

이제는 늦은 밤 방 한구석에서
헤드폰을 쓰고 춤을 춰
귓가를 울리는 슬픈 음악 속에
난 울 수도 없는 춤을 춰

브로콜리너마저, 〈이웃에 방해가 되지 않는 선에서〉

티셔츠 연대기

옷 중에서 티셔츠를 가장 좋아한다. 어느 인터뷰에서 "평소에 거의 기념 티셔츠만 입고 다닌다."라는 나에 대한 밴드 멤버들의 말이 과장이 아닐 정도로 기념 티셔츠가 많다. 최근에는 많이 절제해서 새로 구입하지 않으려고 하지만, 예전에는 습관처럼 '어디 재미있는 티셔츠 없나?' 하고 티셔츠를 검색하던 때도 있었다. 이렇게 입고 다니던 옷들은 어느 정도 입고 나면 '명예의 전당'으로 들어가서 더 이상 손상되지 않게 보관하기도 하고(1990년대 기업 로고를 얼굴 모양으로 재해석한 티셔츠, 헬카페 헌정 티셔츠 등등), 일부는 자연스럽게 운동복이나 작업복으로 그리고 오랜만에 들른 부모님 댁에서 입는 잠옷으로 변하기도 한다. 아무래도 다시 구하기 힘들 것 같은 티셔츠나 마음에 들어서 예쁘게 잘 입었던 티셔츠는 따로 보관하는 편이지만 왠지 자주 막 입는 티셔츠를 가장 오래 입는다는 사실에 많은 생각이 든다. '내 삶의 본질은 순간에 있기보다 일상에 있는 게 아닐까? 그러면 목이 늘어지더라도 좋아하는 티셔츠를 입어야 하는 게 아닐까?' 하고.

프린트 티셔츠에 언제부터 이렇게 관심이 있었는지 돌아보면, 스무 살쯤에 읽은 잡지 기사가 떠오른다. '티셔츠 행동당'이라는 티셔츠 제작 회사의 이야기였는데 "티셔츠는 자신의 메시지를 나타낼 수 있는 표현물이다."라는 내용이 마음에 들었다. 약간 과격한 주장과 표현도 많았는데, 그때까지는 대중적인 의류 회사에서 나온 무던한 티셔츠만 입어오던 나에게 꽤나 충격이었다. 나중에 그 회사에서 나온 티셔츠를 두 벌 정도 구입했던 것 같은데, 주머니가 가벼운 대학생이었던 탓에 편하게 살 만한 가격은 아니었던 기억이다. 그치만 나는 메시지가 강한 티셔츠를 그렇게 좋아하는 것 같진 않다. 다만 나의 실루엣을 옷에 맞추지 않고도 내가 보여지고 싶은 모습을 표현할 수 있어서 티셔츠가 좋다.

2009년에 처음으로 밴드 티셔츠를 만들었다. 민무늬 티셔츠를 직접 사서 염색하고 도안을 손으로 그려 업체에 맡기지 않고 직접 인쇄했다. 인쇄를 마친 티셔츠를 말리느라 옥상의 빨랫줄이 가득 찼다. 부자재를 방산시장에서 구입해서 포장하고 '수제 홈페이지(어감이 이상하지만)'에서 주문을 받아 판매했다. 지금 생각하면 말도 안 되는 일이다. 이제는 로고 티셔츠를 제작하는 일이 크게 어렵지 않다. 도안만 있으면 원하는 대로 다양한 옵션에 맞춰 티셔츠를 주문 제작할 수 있다. 소량으로 제작해도 퀄리티가 나쁘지 않다. 아무튼 철없고 에너지 넘치던 시기에 이런 일을 저질러버린 이후로, 지금까지도 매년 새로운 밴드 티셔츠를 만들고 있다.

올해는 공연에 맞추어서 '전국! 인디자랑' 티셔츠를 만들었다. 예년처럼 판매도 하고, 스태프들과 밴드 멤버들도 착용하려고 한다. 등에 'STAFF'라고 따로 기재한 버전을 별도로 만들 때도 있는데, 나는 이쪽 버전을 조금 더 좋아한다. 이번 공연은 게스트로 참여한 팀이 많았기 때문에 그들을 위한 수량까지 준비해서 선물했다. 평소에는 그 한 벌이 여름의 셀프 선물 같은 것이었는데, 이번에는 게스트 팀들의 티셔츠 몇 벌을 선물로 받았기 때문에 더욱 풍성한 여름이 되었다. 그리고 판매용 티셔츠도 몇 벌 챙겨놓아서 올해도 티셔츠 걱정은 없을 예정이다. 상반기에도 이미 이런저런 티셔츠를 많이 사기도 했지만……

티셔츠를 직접 만들어 판매도 하는 입장에서 항상 책정한 가격이 괜찮은지 고민한다. 나도 관객으로 밴드 공연을 다니던 초기에 티셔츠까지 구매하기는 좀 부담스러웠다. 티켓 값만으로도 이미 지출이 컸으니까. 그럼에도 불구하고 큰마음 먹고 구입한 첫 밴드 티셔츠는 미국 밴드 '얼스 윈드 앤드 파이어'의 내한 공연 때 구입한 공식 굿즈다. 이 티셔츠는 너무 늘어나서 이제 입을 수 없다. 2011년 지산 밸리 록 페스티벌에서 첫날 마지막 순서였던 브로콜리너마저의 공연이 끝나고 다음 날, 이 옷을 입고 다른 공연들을 보러 갔었다. 나에게는 록 스타로서 록 페스티벌을 누빈 첫 유니폼인 셈이다. 그때 페스티벌 무대에는 앞서 언급한 2009년에 수제로 제작했던 브로콜리너마저의 첫 번째 티셔츠를 입었다. 티셔츠에 로고가 크게 있진 않아서 티가 나지는 않았겠지만.

최근에 가장 자주 입는 티셔츠는 '을지 OB 베어' 티셔츠다. 상생하며 삶의 터전을 지키고자 하는 메시지와 더불어 유쾌하고 매력적인 디자인에 먼저 눈이 간다. 검은 티셔츠 한가운데 빨간 로고가 그려진 전자음악 뮤지션 '키라라'의 티셔츠도 자주 입는다. 밴드 '보수동쿨러'의 녹색 티셔츠는 브로콜리너마저의 2020년도 티셔츠와 색이 같아서 가끔 같은 옷으로 착각하기도 한다. 이번 여름 투어를 하면서 선물받은 밴드 '로우 행잉 프루츠'의 티셔츠는 깔끔한 하얀색이다. 멤버들이 직접 디자인하는 앨범 재킷처럼 로고도 밴드 이름의 알파벳으로 구성되어 있다.

아직 남은 여름 동안 브로콜리너마저의 이번 투어 티셔츠를 자주 입게 될 것 같다. 그리고 매년 여름이 오면 어떤 티셔츠를 만들어볼까, 또 고민하겠지.

정성스럽게 내린 커피의 맛

원래 커피를 좋아하긴 했지만 특별히 커피를 즐긴 시기가 있다. 집에서 사용하던 소형 에스프레소 머신을 약간 업그레이드하기도 하고, 작업실에서 쓰던 커피메이커와 같은 머신을 집에서 쓸 용도로 하나 더 구입하기도 했다. 여러 원두를 구매해서 다채로운 맛의 커피를 마셔보았다. 많을 때는 서너 종류의 커피 원두가 책상 위에 있었다.

장비와 용품을 구입하는 것도 즐거운 일이지만 같이 즐길 수 있는 친구가 있다면 좋아하는 것을 할 때 더 즐거워진다. 마침 브로콜리너마저의 객원 기타리스트 동혁 씨*도 커피에 관심을 가지면서 더욱 즐거운 커피 생활을 함께 누리고 있다. 각자 새로 구입해 가져온 원두로 커피를 내려 합주 전에 마셔보고 이야기를 나누기도 하고 새로운 커피 공동구매 정보를 공유하기도 하며 서로가 연습해본 커피 추출 방법을 선보이기도 한다. 올봄에는 따로 시간을 내서 커피 박람회도 함께 다녀왔다.

커피를 내리는 방법은 정말 다양하지만, 내가 좋아하는 방법은 원두 무게와 분쇄도에 너무 신경 쓰지 않고 편하게

---

* 지금은 브로콜리너마저의 정식 멤버다.

내려 마시는 핸드드립 커피다. 혼자 마실 때는 그냥 물과 커피 원두 양만 맞추면 커피가 만들어지는 1인용 커피 머신을 사용한다. 간편한데 맛도 나쁘지 않아서 애용하고 있다. 에스프레소 머신은 빠르고 커피가 진하게 내려져서 좋다. 출근 전에 커피를 내릴 때 사용한다. 모카포트도 입문 초기에 많이 사용했지만 이사한 집에 가스 화구가 없어서 휴업 상태다.

처음에는 다양한 방법을 시도했는데, 이제 어느 정도 익숙해지고 편한 방식으로만 커피를 만들게 된다. 늘 내리던 방식에 간편함과 익숙함에서 오는 장점이 있다면 아쉬운 점도 있다. 익숙한 방법으로만 커피를 내려 마시면, 어느 순간 새로운 종류와 방식의 커피를 맛보았을 때 느꼈던 기쁨을 잠시 잊게 된다. 그래서 새로운 카페에 방문해보거나 다른 사람이 내려주는 커피를 마셔보는 기회가 중요하다. 새로운 경험을 통한 자극으로 흥미를 유지하는 방법인데, 이것은 본업에서도 마찬가지다. 음악을 하면서 새로운 장비나 악기를 구입해서 사용해보는 것이 일에서 재미를 느끼는 수단이 되기도 한다.

처음에는 더 좋은 결과물을 얻고 싶다는 순수한 욕심에서 새로운 장비와 악기를 사기 시작했더라도 어느 시점

이후에는 더 비싸고 좋은지와는 별개로 나를 즐겁게 해줄 수 있는지 여부가 중요해지는 것 같다. 언제나처럼 반복되는 작업과 연습 과정에서 새로운 무언가를 발견하지 못하고 지쳐갈 때, 새롭게 만난 매력적인 기기들과 친해지는 과정은 큰 도움이 된다. 그래서 꼭 필요하지 않은 악기를 살 때도 많다. 그런 면에서 볼 때 "어떤 기타를 구매해야 하나요?" 하는 질문에 "모양이 마음에 드는 것을 사세요."라고 답하는 데는 나름의 근거가 있다.

어쨌든 비슷한 생각으로 얼마 전에는 멀지 않은 곳에 평소 보기 힘든 스타일의 카페가 있다고 해서 동혁 씨와 다녀왔다. 지도를 보니 마침 예전에 살던 집 근처에 있어서 길을 찾기도 편했다. 인근에서 흔치 않은 일본식 드립 커피를 마실 수 있는 곳이었다. 최근에 유행하는 미니멀한 인테리어와는 조금 다른, 그렇지만 정갈한 내부가 좋았다. 익숙해질 때까지 수없이 반복했을, 마스터의 커피 내리는 동작이 아름다웠고 금박(이걸 보고 우리의 눈이 엄청 커졌다.)을 띄운 커피는 맛이 좋았다. 왠지 맛에 더 집중하게 되어, 평소와 다르게 별 이야기도 나누지 않고 커피를 음미한 뒤 자리에서 일어섰다.

집으로 돌아가는 길에 커피를 만들던 마스터의 모습이 자꾸 떠올랐다. 벽을 가득 채운 상장(수상 경력과 맛이 항상 비례하진 않지만)과 수없이 반복했을 커피 추출 과정. 절도 있게 커피를 내리고 도구를 다루는 동작은 마치 무대 공연 같았다. 평소 커피를 만들며 '그라인더를 청소할까?' 하다가 '잘 보이지도 않는 건데 뭐, 상관있겠어?' 하고 넘긴 기억이 떠올랐다. '나는 누군가에게 음악을 선보이면서 이처럼 꼼꼼하게 하고 있는가?' 하고 돌이켜보니 부끄러워졌다. 익숙함에 젖어 '그냥 이 정도면 되겠지.' 하고 쉽게 넘긴 것은 없는지 생각해보게 되는 날이었다.

무기한 휴간 중인 잡지의 팬으로 산다는 것

마지막 회차 공연이 끝나고 그날 바로 작업실을 정리하기 시작했다. 한 달간 공연하며 생긴 부산물이 작업실을 가득 채우고 있어서 이대로 퇴근했다가는 다음 주 일정을 소화할 수 없을 것 같았다. 무대 위를 멋지게 꾸며주던 소품들은 작업실에 들어오니 갈 곳이 없었다. 여러 팀과 연습하느라 꼬인 배선을 새롭게 배치하고, 발 디딜 틈 없을 정도로 엉망으로 바닥에 놓여 있는 여러 악기와 물품도 정리했다. 공연 직전에 발매한 CD 박스와 티셔츠, 그리고 배송용품도 정리하지 않으면 안 된다. 아직 공연의 여운이 남아 있는 늦은 밤, 작업실은 어느 때보다 분주했다.

2005년부터 이어온 브로콜리너마저의 작업실에는 많은 것이 남아 있다. 이사할 때마다 정리하지만 계속해서 무언가가 쌓인다. 일단 슬쩍 봐도 각종 활동의 데이터가 담긴 CD와 하드디스크 뭉치들(절대로 버릴 수 없지만 내용을 파악하기는 어렵다.), 한때 열심히 사용했지만 지금은 잘 사용하지 않는 장비들(왜인지 음악 장비뿐 아니라 대형 미러볼이나 무대 기자재도 꽤나 가지고 있다.) 그리고 팬들에게 받은 선물과 편지도 보인다. 공들여 만들었던 공연 포스터와 제작물도 이제는 한눈에 확인할 수 없을 만큼 많고, 인터뷰가 실렸던 신문과 잡지도 전부는 아니지만 상당한 양을 아직 보관하고 있다. 보통 사람들이 그러한 것처럼 밴드에게도 이사할 때마다 정리해서 버려야 할 것 같기도 하고 잘 보관해야 할 것 같기도 한 것들이 있는 셈이다.

그중에서도 매번 멤버들이 언제 버릴 거냐고 물어보는 나의 개인 물건이 있는데, 바로 만화 잡지 《팝툰》이다. 이번 정리 과정에서도 혹시 버릴 생각이 없느냐는 소리를 들었다. 나는 2007년부터 2010년까지 격주로 나왔던 이 잡지의 팬이어서, 초기의 몇 권을 제외하고 모든 회차를 다 소장하고 있다. 이사를 크게 다섯 번 하면서도 아직 버리지 않았다! 합주나 공연을 하러 가기 전 서점에 들러 이 잡지를 직접 구매하는 일이 당시 나에게 큰 기쁨이었다. (정기 구독이 약간 부담되었던 것도 사실이다.) 잡지를 둥글게 말아서 비닐 포장을 뜯어낼 때 나는 새 책 냄새를 맡으면 아무리 울적한 상황에 처하더라도 최고의 기분을 느낄 수 있었다. 일상에 이런 확정적인 행복이 주기적으로 있으면 빡빡한 날들을 버티는 데 큰 힘이 된다. 학생과 사회인과 뮤지션의 경계에서 늘 쪼들리고 애매했던 나에게는 특히 그랬다.

《팝툰》은 중간에 월간 잡지로 변경됐다. 삶의 큰 기쁨이 반감되는 기분이었다. 물론 무기한 휴간을 발표했을 때만큼은 아니었지만. 그러나 이제는 '버릴 것이냐? 보관할 것이냐?'의 갈림길에 서게 된 애증의 물건이다.

《팝툰》은 내게 격주마다 잡지로서 준 기쁨 외에도 좋은 인연을 만들어주기도 했다. 브로콜리너마저 1집의 〈속좁은 여학생〉이라는 곡을 완성하는 데 큰 도움을 줬기 때문이다. 작업은 끝났지만 제목을 정하지 못하던 곡이 있었는데, 당시 《팝툰》에 연재 중이던 만화 『속좁은 여학생』의 제목을 곡명으로 빌려왔다. 토마 작가님께 허가를 구하는 메일에 답장을 받았을 때는 뛸 듯이 기뻤다. '무명 인디밴드의 부탁을 친절하게 들어주셔서 감사합니다, 작가님.'이라고 메일에 썼는지는 기억이 잘 안 나지만 이제 와 작가님께 말씀드리자면, 파란닷컴에 연재하시던 『남자친9』 때부터 팬이었습니다. 가사 내용은 만화 줄거리와는 크게 상관없지만, 제목이 미묘하게 멋진 표현이라 가사에 어울리는 짱 멋진 제목이 되었다. 사실 《팝툰》을 처음 구독하게 된 것도 토마 작가님의 연재 소식을 들었기 때문인데……. 아무튼 그렇다는 이야기.

좀 웃기긴 하지만 《팝툰》에 아쉬움을 느낀 적도 있다. 인터뷰 코너에 당시 활발하게 활동하고 있던 밴드 '불나방스타쏘세지클럽'의 조까를로스와 '장기하와 얼굴들'의 장기

하가 연속으로 나왔다. 이렇게 한창 인디 신의 인물들이 《팝툰》과 인터뷰를 하고 있으니 곧 나에게도 한 번쯤 인터뷰 제안이 올 수도 있겠거니 생각했다. '아, 진심으로 좋아하는 잡지와 인터뷰하면 어떤 기분일까? 〈속좁은 여학생〉 같은 노래가 나오게 된 사연을 이야기해야겠다. 재미있게 본 작품이 너무 많은데 뭘 꼽아야 할까?' 하며 고민했지만 아쉽게도 그런 일은 일어나지 않았다. 만화 속의 한 장면처럼 《팝툰》은 그즈음 무기한 휴간에 들어갔다.

찐팬과 함께할 소중한 기회를 잃어버린 채 《팝툰》이 무기한 휴간에 들어간 지도 10년이 넘었다. 그 시간 동안 밴드를 계속하고 있는 입장에서 세월의 무상함을 느낀다. 온라인으로 만화 콘텐츠가 본격적으로 유통되기 전 잡지라 그런지 인터넷을 검색해봐도 호별 내용 등 자세한 정보를 찾아보기가 어렵다. 이제 가지고 있는 잡지를 다시 들춰보지 않으면 기억나지 않는 것은 없는 일과 다름없는 걸까? 요즘은 모든 것이 다 온라인에 있고, 있었던 것처럼 느껴지지만 마냥 그렇지만은 않다는 것을 느낀다. 남아 있다는 것은 무엇일까? 아직 가끔 잡지를 뒤져보는 나 같은 사람이 있으면 《팝툰》은 사라지지 않은 것인가? 잡지를 버리고 나면 기억에서도 쉽게 사라질까?

밴드 활동을 하면서 잡지나 신문 인터뷰에 실린 나 자신을 보고 '헉, 내가 이런 곳에?'라고 생각한 때가 엊그제 같은데 이제는 시간이 많이 지나버렸다. 지면에 실리면 많은 사람이 보고 결과물이 남으니 신중하게 이야기해야겠다고 다짐했는데 이제는 그 내용이 기억나지 않고 다시 찾아보기도 쉽지 않다. 클럽에서 같이 공연도 했고 좋은 곡을 연주하던 밴드가 생각나서 검색해봐도 웹페이지 조각만 나올 뿐이다. 한참을 잘 활동하다가 언제부터인가 '무기한 휴간 중'인 동료들을 떠올려본다. '이제 마지막입니다.' 말하지 못하고 뜸해지는 것이 사람 간의 일이라면 잘 살고 있겠거니 하겠지만, 웹사이트가 없어지고 SNS 계정이 업데이트되지 않고 새로운 책이, 음악이 발표되지 않는 상태가 되는 것은 왠지 쓸쓸한 일이다.

아무튼 나는 지금 무기한 휴간 중인 잡지의 팬이(었)고 거기 연재되던 만화를 아주 좋아해서 작가님께 허락을 구하고 노래 제목을 빌려왔는데, 그 곡이 브로콜리너마저의 〈속좁은 여학생〉이라는, 잊힐 뻔한 이야기.

마음에 없는 그런 말하고
돌아서면 더 힘들지
그런 건 너무 마음이 아파
아무것도 할 수 없는 오늘은

길었던 하루가 다 지나도
뭘 했는지도 모르겠어
그래 이런 건 너무 가슴이 아파
아무 말도 할 수 없는 오늘은

있잖아 내가 만약에 내가
너에게 가슴 아픈 말을 했다면 잊어줘
미안해 내가 그러려던 건 아니었는데
하고 전화를 할까 말까

브로콜리너마저, 〈속좁은 여학생〉

어릴 때 오래도록 입었던 옷이 있었습니다. 튼튼하고 몸에도 잘 맞아 별일이 없다면 계속해서 입게 되고 입으려고 했던. 그런데 어느 날 거짓말처럼 옷감이 뜯어지면서 찢어져버렸습니다. 바느질을 할 수도 없을 만큼 낡아 있었기 때문에 결국 버리는 수밖에는 없었죠. 차라리 멀쩡하던 옷이 북 찢어진 거라면 꿰매어보기라도 했을 텐데 말입니다.

인연이라는 것이 끊어질 때는, 왠지 가차 없이 싹둑 잘려 나가는 모습을 먼저 떠올린 적이 있었습니다. 하지만 시간이 지나면서 그렇게 끊어지는 인연보다 더 많은 수의 '닳아서 없어지고 마는' 관계들에 대해서 생각하게 되었죠. 아마도 그들이 마지막까지 오게 된 것은 그 누구의 특별한 잘못이 아니었을 수도 있습니다. 최선을 다해서 끌고 나가고자 하는 마음이 있었을 것이고, 약속을 지키고 싶어 했을 수도 있죠. 그러나 때로는 누구에게나 결말이 보이는 순간이라는 것은 오게 되고, 서로 마음의 준비를 하는 시간이 의도치 않게 생기게 되고 또 길어지고.

사랑했다는 말은 거짓말이 아닌데, 사랑한다는 말은 어떤지 쉽게 답을 할 수 없는 순간.
함께했던 모든 시간이 실패한 농담처럼 느껴질 것 같습니다.

「농담」 소개문

당신도 멸종될 수 있다

당신은 'WAP'을 아는가? 아마도 잘 모를 것이다. 그렇다고 해서 이 단어를 인터넷에 검색해보기를 추천하지는 않는다. 왜냐면 '카디 비'의 19금 노래가 주로 나오기 때문이다. 이번 글에서 우리는 'Wireless Application Protocol(무선 애플리케이션 프로토콜)'이라는 정식 명칭을 사용해 이야기해보자.

영단어로는 WAP의 의미를 짐작하기란 쉽지 않다. 하지만 스마트폰 이전부터 휴대전화를 사용했던 분이라면 휴대전화의 방향키 가운데 있던 인터넷 접속 버튼을 기억할 것이다. 실수로 누르기만 해도 엄청난 요금이 부과되던 바로 그것이 WAP으로 만든 인터넷 페이지다. 도대체 누가 사용했을까 싶겠지만 2000년도 집에 초고속 인터넷도, PC 통신 모뎀도 없던 덕원 청소년은 이 인터넷 버튼으로 한메일 계정에 접속해서 이메일을 주고받곤 했다. 하지만 이것만으로는 내가 왜 이렇게 WAP에 집착하는지 설명하기 어렵다.

때는 2007년, 바야흐로 대학을 졸업하기 위해 정보문화학을 복수전공하던 시기. 정보기술과 문화 콘텐츠를 결합한 이 학과는 당시 일종의 첨단 유행 같은 것이었다. 관련 분야에 더 깊은 관심이 있던 동료 중에는 카이스트에 생긴 문화기술대학원에 진학하기도 했다. 하지만 나에게는 미래

음악 콘텐츠 분야의 향방을 빠르게 파악하고 대처하기 위한 목적 외에도 학점 공유 제도를 악용하여 조금 더 수월하게 졸업 학점을 따려는 불순한 의도가 있었다.

이 수업에서는 졸업 논문을 제출하는 대신 프로젝트 과제를 발표해야 했는데, 우리 팀에서는 바로 그 WAP 인터넷 페이지를 이용한 서비스를 제작하게 되었다. 구글 캘린더도 없던 시절, 개념적으로는 그와 유사한 공유 캘린더로 스케줄을 관리하는 서비스를 만들어야 했는데, 과연 우리에게 가능한 일이었을까.

프로그래밍 경험이 있는 팀원이 없었기에 우리 팀이 지닌 기술 수준은 턱없이 부족했다. 말도 안 되는 줄속 프로그래밍으로 핸드폰에 입력한 일정 데이터를 메시지(SMS)로 발송하는 기능을 과제 발표 하루 전에 간신히 구현했고 (물론 전반적으로 제대로 기능하지 않았다.) 우여곡절 끝에 나의 대학 생활은 마무리됐다. 그리고 몇 년 뒤 아이폰이 국내에 출시되었으며 구글은 더욱 성장했고 WAP의 입지는 더욱 줄어들다가 결국 사라지고 말았다. 모든 휴대전화 사용자에게 공포(!)였던 그 버튼 역시 흘러간 과거가 되어버렸다. 아직 남아 있는 것은 메모장에서 html로 코딩해 제로보드를 얹은 브로콜리너마저의 공식 홈페이지뿐. 그러나 이것도 많은 홈페이지가 그랬듯 호스팅 비용을 미납하기 시작하면 사라질 것이다. 여기서 마이스페이스와 엠엔캐스트를 굳이 언급하면 글이 너무 길어질 것 같으니 다음을 기약하자.

비록 겉핥기뿐인 경험이지만 로스트 테크놀로지의 경험자로서 돌아보면 참으로 허망할 뿐이다. 나름 한 시절 애써서 함께해왔던 것이 더 이상 존재하지 않는다니! 물론 내가 WAP을 사랑했던 것은 아니다. 오히려 미워하고 짜증 냈다. 하지만 그래서일까, 이제는 전혀 접점이 없는 삶을 살면서도 WAP을 잊어본 적은 없다. 아직도 작동하는 그 당시 휴대전화를 가지고 있다. 방향키 가운데 버튼을 아무리 눌러도 인터넷에 접속되지 않지만 그래도 가끔은 휴대전화를 괜히 한번 켜보곤 한다. 전원이 아직 켜지는 모습을 확인하고 나면 기분이 묘하다.

이 물건은 언제까지 남아 있을까? 나중에 인터넷 기술의 역사를 돌아볼 수천 년 뒤의 사람들에게 이 휴대전화는 마치 화석처럼 느껴질까? 아마도 멀쩡한 상태로 전달되지 못할 수도 있겠다. 우리에게 선사시대가 그렇듯 나와 WAP의 추억도 미래의 지층에서 한 켜조차 되지 못할 것이 분명하다. 그럼에도 그 시기를 살았던 나의 경험은 이렇게 한 편의 글로 남게 되었다. 이 글조차 언제까지 어떻게 남을지는 모르겠지만, WAP은 사라지더라도 그 기억은 멸종을 피해갈 가능성이 조금은 늘어났다.

인터뷰

"……." (5초간의 침묵)

"아니, 이거 지금 라디오입니다."

　일주일에 한 번 〈애프터 클럽〉이라는 SBS 라디오 프로그램을 진행하고 있다. 일곱 명의 디제이가 일주일 중 하루씩 맡아 새벽 한 시에서 세 시까지 진행하는데, 심야 방송인 만큼 디제이들의 음악 취향을 많이 반영한 선곡이 특징이다. 처음 섭외되었을 때 제작진은 프로그램의 장점을 이렇게 설명했다. "원하는 대로 자유롭게 꾸밀 수 있는 방송입니다. 중간 멘트 없이 음악만 두 시간 틀 수도 있고, 직접 만들어온 음원을 틀 수도 있고, 아무튼 원하는 대로 할 수 있어요. 그러니 덕원 씨도 뭐든 마음대로 해봐요." 하지만 '윤덕원의 이웃에 방해가 되지 않는 선에서'는 엄청 자유롭고 충격적인 방송이 되기보다는 진행자의 성향처럼 적당히 내성적이고 친근한 느낌으로 자리 잡고 있다.

　일주일에 한 번 하는 방송이다 보니 코너가 다양하진 않다. 사연에 맞는 노래를 선곡해주는 '괜찮지 않은 일' 그리고 내 취향대로 노래를 틀고 곡을 소개하는 '그런 날 이런 노래' 코너가 있다. 처음에는 매주 콘셉트를 잡아 곡을 소개해볼까 했는데, 팔이 안으로 굽는다고 인디 신의 신곡을 열심히 소개하다 보니 인디 신보를 소개하는 코너에 가까워졌다. 이 코너를 위해서 매주 새롭게 발매된 인디 곡들을 들어본다. 신곡이 워낙 많지만 정작 방송에서 소개되는 곡은 드물고 마땅한 홍보 방안이 없는 경우도 흔해, 우리 코너에서만 발견할 수 있는 음악도 많다. 뮤지션 정보가 부족한 경우가 많아서 더 많은 이야기를 이어가지 못할 때는 안타까운 마음도 든다. 혹시나 이 방송을 듣고 계시다면 꼭 심의도 넣고 곡 소개와 팀 소개도 더 써주길 바란다는 이야기를 매번 하게 된다.

가장 어려운 코너는 부정기적으로 진행하는 초대석이다. 심지어 코너명도 없다. 10개월 가까이 디제이로 라디오를 진행하며 초대석은 고작 5회뿐이었다. 인터뷰하는 일이 어렵기 때문이다. 원래 내성적이어서 그런지, 잘 모르는 인물을 만나서 이야기 나누는 일이 쉽지 않다. 이왕 인터뷰를 할 거라면 좋은 인터뷰를 하고 싶다는 욕심도 문제다.

좋은 인터뷰는 참 어렵다. 너무 알려져 있어서 혹은 너무 알려져 있지 않아서 뻔한 질문만 오가는 경우가 많다. 인터뷰를 하기도 하고 받기도 하는 입장에서 이해하는 점도 있지만, 그래도 뻔한 이야기 속에 반짝이는 순간이 더 있다면 좋을 텐데. 그런 순간은 언제나 귀하다. 개인적으로 '해상도가 높은 인터뷰'라고 표현하는 좋은 인터뷰는 주어진 대본과 정보만으로는 나오지 않는 것 같다. 상대에 대한 배려와 이해 그리고 작품에 대한 솔직하고 개인적인 체험이 필요하다. 때로는 그런 것이 부족하더라도 인터뷰를 주고받는 사람들의 인간적인 매력과 재치가 역할을 할 때도 있고 다른 여러 가지 변수도 작용하겠지만, 내 경험으로 비춰볼 때 좋은 인터뷰를 위해 가장 필요한 것은 '잘 정돈된 호기심'이다. 하지만 매번 나의 호기심이 높은 수준으로 유지되진 않기에, 초대석은 아주 띄엄띄엄 진행되고 있다.

　초대에 있어서 나름대로 세운 원칙이 있다. 최근 신보를 발매했으며 직접 창작하는 뮤지션을 모시겠다는 것. 그러면 역시 사적으로는 잘 모르는 분들을 모시게 되는데 다행히 요즘에는 SNS가 있어서 섭외가 비교적 수월하다. 다른 정보를 찾기 힘든 뮤지션들도 보통 SNS는 운영하는 편이고 나 역시 실명의 SNS 계정이 있으니 정체를 미리 밝혀 상대방의 의심을 피하고 신뢰를 얻기도 쉽다. 평소에 같이 공연한 적이 있고 SNS로 대화를 나누어본 적도 있는 김사월 님을 초대석의 첫 손님으로 모셔 그나마 다행이었다. 사월 님을 모실 때 엄청 긴장했는데, 이후로 만난 김뜻돌 님, 황푸

하 님, 일레인 님, 밴드 '문없는집'은 초면이라 더 긴장했다. 그래도 이제는 낯선 뮤지션을 인터뷰하는 데 조금씩 익숙해지는 듯하다. (지면을 빌려 인터뷰 비디오를 올리겠다는 약속을 아직도 지키지 못해 청취자분들께 죄송하다는 말씀을 드립니다.)

이런 어려움이 있는데도, 나는 왜 인터뷰를 계속할까? 생각해보면 첫 지상파 라디오 인터뷰였던 〈신해철의 고스트스테이션〉 출연에서 그 이유를 찾아볼 수 있다. 브로콜리너마저의 첫 앨범 「앵콜요청금지」를 발매한 뒤 처음으로 지상파 라디오 프로그램에서 인터뷰를 요청해왔다. 당시 섭외 연락을 받고, 정확히 기억은 안 나지만 "네? 뭐라고요?"라고 소리쳤던 것 같다. '방송국에서? 왜 우리를?' 이런 마음이었던 것은 확실하다. 이제 막 첫 앨범을 어설프게나마 만들어낸 아마추어 밴드를 그 유명한 신해철 씨가 진행하는 라디오 프로그램에서 부르다니! 그때까지만 해도 평범한 대학생이었던 우리들은 방송국에 가볼 거라곤 생각해본 적이 없었다. SBS 방송국이 어디 있는지 찾아본 적도 그때가 처음이었다. 처음 온 사람들에게는 왠지 더 엄격해 보이는 로비를 지나 출입 절차를 거쳐서 투명 유리로 되어 있는 엘리베이터를 타고 올라갈 때 느낀 기분을 아직도 기억한다. 늦은 시간이어서 창밖의 불빛은 더 예뻐 보였고, 방송국 안에는 인적이 드물어서 왠지 더 긴장되고 겁났다. 하필 디제이도 카리스마로 유명한 '마왕' 신해철 씨였으니. 아마도 따뜻하게 대해주셨겠지만 우리는 어색할 수밖에 없었다. 수많은 침묵과 어색한 웃음만이 가득했다. 어떤 말을 해야 할지도 몰랐고 답도 바로 나오지 않아서 머뭇머뭇하던 첫 라디오 인터뷰는 그렇게 끝났다.

최근에 〈아카이브 K〉라는 프로그램을 통해서 그 당시의 방송분을 찾아볼 수 있었다. 그때는 정말 몰랐는데 이제 와서 보니 그 어설픈 사람들을 데려와서 한마디라도 더 말을 건네는 신해철 씨의 따스함이 느껴졌다. 이 음악을 만든 사람들이 누굴지 궁금해하고 이야기를 나누고 좀 더 알아가기 위해 이런저런 질문을 건네는 그 마음을 이제는 알 것 같다. 비록 그 당시에는 한참 동안 말을 못하고 멍하니 있었지만……. 침묵 속에서도 그는 끊임없이 앵콜을 요청하면서 새내기 뮤지션들을 격려했던 것이다.

좋은 노래는 어떻게든 알려지고 사랑받는다고 하지만 그 과정이 수많은 우연으로 이루어진다는 것을 알고 있다. 그 우연의 많은 부분은 조건 없는 관심과 애정에서 비롯된다고 생각한다. 다정한 시선은 그 끝에 있는 것들을 더욱 빛나게 한다. 그 덕에 지금까지 음악을 하면서 어설프게나마 버텨올 수 있었다.

〈신해철의 고스트스테이션〉이 브로콜리너마저의 이야기를 담아준 것처럼 오늘 나의 시선도 또 다른 뮤지션과 음악을 향하고 있다. 다정하게.

---

* 인터뷰 코너는 그 뒤로 운영하고 있지 않지만, SBS 라디오 〈애프터클럽〉의 '윤덕원의 이웃에 방해가 되지 않는 선에서'는 금요일마다 여전히 방송 중입니다. 더 많은 음악을 소개할 수 있기를 바라며…….

라디오와 함께한 10년

새해를 맞으면서 의미를 붙이고 싶어 하는 것은 인간의 본성일지도 모른다. 뮤지션들은 종종 데뷔 10주년, 20주년, 30주년 등 10년 단위로 기념하면서 음반을 발매하거나 공연을 하기도 하는데, 내 경우는 밴드 데뷔 시점을 언제로 봐야 할지 애매해서 딱히 기념하지 않는다. 하지만 뮤지션으로서가 아니라 개인적으로 나에게 2022년은 상당히 의미가 있다. 바로 지상파 라디오 출연자로 꾸준히 활동해온 지 10년이 되는 해이기 때문이다.

라디오 프로그램에서 일회성으로 초대석에 나오는 경우 말고 특정 요일마다 출연해 이런저런 코너를 함께하며 디제이와 대화하는 출연자를 '고정 게스트'라고 부르는데, 나는 2013년 봄에 SBS 라디오 〈정선희의 오늘 같은 밤〉에 고정 게스트로 출연한 때를 기점으로 지금까지 여러 라디오 프로그램에 꾸준히 출연하고 있다. 코너명은 '꽁꽁 브라더스의 상식이 너마저'였는데, 밴드 '9와 숫자들'의 보컬 송재경(9와 숫자들에서 '9'를 담당하고 있다.)과 함께 상식을 쉽게 배워보는 시간이었다. 방송에 익숙하지 않았던 우리 두 사람은 낯선 단어나 어려운 내용을 암기하는 비법을 열심히 설명하곤 했다. 방송 실력은 아주 어설펐지만 디제이였던 정선희 누나의 능수능란한 진행으로 그 시간을 잘 소화할 수 있었다. 당시 정선희 누나는 "나랑 같이 라디오 했던 사람들은 나중에 다 디제이가 됐어."라고 말하곤 했는데, 나중에 내가 정말 디제이가 되고 지금까지도 라디오를 하고 있을 거라고 그때는 상상하지 못했다.

사실 말을 잘한다는 측면에서 내 능력치는 그리 높지 않다. 원래가 말수가 많거나 이야기를 즐기는 편도 아니고, 새로운 사람과 만나는 자리는 언제나 많이 긴장된다. 말을 할까 말까 할 때는 하지 않는 편이라 계속 이야기가 끊어지면 안 되는 라디오 방송은 내가 잘할 수 있는 일과는 거리가 있었다. 하지만 라디오도 결국 사람들과 함께하는 일인지라, 인복 덕분에 계속할 수 있었다. 좋은 디제이들과 합을 맞추면서 조금씩 입이 트일 수 있었고, EBS 〈詩 콘서트, 강성연입니다〉에서 만난 강성연 누나는 나를 다음 디제이로 추천해주어서 디제이로 데뷔하는 데 큰 도움을 주었다. 내가 진행자로 만났던 초대 손님들께는 왠지 죄송한 마음도 있다. 지금 다시 뵈면 그때보단 더 잘할 수 있을 텐데…….

방송을 오래 하면서 보니 세상에 말을 잘하는 사람이 참 많다. 같은 주제를 다루더라도 더 흥미롭고 솜씨 좋게 이야기하는, 재치 있고 입담도 좋은 사람들 말이다. 능수능란하게 말하지 않아도 좋은 이야기를 가진 사람도 정말 많다. 특히 디제이로 진행했던 프로그램 〈詩 콘서트, 윤덕원입니다〉에서 만났던 수많은 시인과 작가들은 함께 이야기를 나누면 나눌수록 나 자신이 더 풍성해지는 느낌이었다. 지금까지 내가 방송하는 데 있어서 어쩌면 그때 얻은 것들이 큰 도움을 주는지도 모른다.

처음 라디오를 시작할 때는 너무 어렵고 긴장되었다. 나중에 덜컥 디제이 자리를 맡게 된 뒤에 두려운 마음 반, 잘하고 싶은 마음 반으로 발성 스피치 학원을 다닌 적도 있다. 말은 의식하면 의식할수록 더 어려워지기만 했다. 그래도 이제 경력이 좀 되어서 그런가? 라디오에서 이야기하는 것이 크게 어렵지 않다. 평소 무언가에 쉽게 자신감을 갖는 편이 아닌데 이 정도면 꽤나 열심히 해온 것 같다. 조금 과장을 보태면, 라디오를 꾸준히 해온 것은 지난 10년 동안 가장 잘한 일이 아닐까? 좋게 이야기하면 나는 한자리에 진득하게 있는 편이고 안 좋게 말하면 큰 변화를 꾀하지 않는 편인데, '새로운 것에 도전해서 잘 버티고 있었구나.' 하는 생각이 든다.

오랜 시간 라디오를 하면서 깨달은 내 장점도 있는데, 바로 마이크를 잘 사용한다는 것이다. 레코딩을 하면서 마이크를 자주 다뤄본 경험은 방송에서 목소리를 전달하는 과정에서도 큰 도움이 되었다. (가창력과는 상관없다·······.) 마이크의 작동 방식이나 원리를 안다면 같은 환경에서도 더 좋은 소리를 입력할 수 있다. 녹음할 때 얼굴을 어느 위치로 이동하면 목소리 톤이 어떻게 달라지는지 알기 때문이다. 어떻게 보면 방법에 집중할 뿐 내용에는 덜 집중하는 것일 수도 있지만, 방송으로 나가는 소리를 실시간으로 들으면서 객관적으로 확인하고 조정해 더 좋은 소리를 낼 수 있다. 어떻게 하면 기침 소리가 마이크에 덜 새어 들어가는지, 우리가 알지 못하는 사이에 얼마나 많은 숨소리와 입소리가 버릇처럼 들어가는지. 왁자지껄하게 떠드는 순간에도 마이크와 입의 거리 그리고 방향을 안정적으로 유지하는 노하우도 생겼다. 처음에는 모든 게 혼란스럽고 어려웠지만 이제는 말하는 내용에 크게 지장받지 않으면서 이런 요소까지 고려한다. 예를 들면 마이크가 켜질 때 사람들은 보통 본능적으로 숨을 들이쉰다. 이게 자연스러울 수도 있지만 신경 쓰일 때도 있어서 나는 습관적으로 마이크를 켜기 전에 가볍게 숨을 들이쉬고 나서 호흡의 중립을 유지한 상태로 첫마디를 뱉는다. 이건 최근에서야 완벽하게 익숙해진 습관이다.

늘 시간 맞춰 현장에 도착하는 것도 꾸준하게 라디오를 하는 데 있어서 겪어야 할 어려움이다. 한 주에 4~5회 정도 아침에 생방송을 하던 〈詩 콘서트, 윤덕원입니다〉 디제이 시절은 좋으면서도 힘들고 외롭던 시간이었다. 새벽같이 빨간색 광역 버스를 타고 차 안에서 꾸벅꾸벅 졸며 방송을 하러 가던 그 시기를 잘 버텨서 지금까지 올 수 있었다. 노래가 나가던 순간에 대본 옆에 적어두었던 메모들이 노래가 되어서 다시 라디오에서 흘러나온다.

아침 라디오 진행을 맡게 되어 일 년 남짓, 아침 시간에 출근을 한 적이 있다. 방송은 아홉 시에 시작되니까 여덟 시 반까지 도착한다고 생각을 하고, 정체로 한 시간 반 정도 걸리는 길이었으니까 여섯 시 반이나 일곱 시에 나와야 했다. 평소에 생활하는 패턴으로 보았을 때 이것이 가능한 일일까 걱정이 되었지만 의외로 큰 사고 없이 한 해하고도 한 계절을 온전히 넘길 수 있었다.

지금 와서 생각해보면 그것은 한 가지 깨달음이 있었기 때문인데, 그것은 바로 '단호해지는' 것이다. 눈을 뜨고 침대에서 베개에 머리를 한 번 더 묻지 않아야 하고, 어떤 옷을 입을지 크게 고민하지 않아야 하고, 무언가를 먹거나 마시는 데 시간을 빼앗기지 않고, 나가면서 아직 잠든 가족들의 얼굴을 한 번 돌아보지 않는 것이다. 그래야 일단 '나가야 하는' 시간을 맞출 수가 있는데, 출근길 시작의 5분 차이가 도착 지점에서는 30분 차이로 커지기 때문이다.

그렇게 만든 차이를 낭비하지 않으려면 사람이 꽉 차 있는 지하철이나 버스에 심호흡을 하고 끼어들어 타야 하고(도저히 절대 탈 수 없는 경우에도 단호하게 마음먹는다면 탈 수 있다!) 어떻게든 비집고 들어가 차선 변경을 해야 하고 교차로에선 꼬리를 물어야 한다. 만약 안정권에 들어섰다면 그때부터는 약간의 여유가 생긴다. 우연히 자리에 앉아 갈 수 있다면 꿈같은 잠깐의 단잠을 잘 시간이 생기고, 막히기 전의 강변북로는 세상에서 가장 빠른 길처럼 느껴진다.

어느덧 이런 일상이 반복되다 보니 망설이는 시간은 점점 줄어들고 조금은 익숙하게 하루를 보낼 수 있게 되었다. 매일매일은 그렇게 나쁘지 않았다고 생각하지만 망설일지라도 내가 원하는 방향으로 가지는 못한 채 슬픔과 분노와 체념만을 단호하게 삼키고 쳇바퀴를 돌고 있는 것은 아닌가 하는 생각이 들 때도 있었다.

「단호한 출근」 소개문

나의 의사 선생님

연말 공연이 코앞으로 닥쳐왔다. 그리고 동시에 한파가 닥치는 바람에 컨디션이 떨어지기 시작했다. 목이 붓더니 결국 몸살감기에 걸렸다. 오랜만에 병원에 갈 때가 되었다. 조금 더 참으며 자연스럽게 낫기를 기다리기는 게 아니라 선제 대응해야 할 타이밍임을 이미 경험으로 알고 있다. 이러다가 더 아파지면 정작 공연 때는 손쓸 수 없게 된다. 공연 직전에 먹는 약들은 그저 통증을 일시적으로 완화할 용도일 뿐이다.

이럴 때면 나의 주치의라고 할 만한 의사 선생님이 있는 '조환석 내과'에 간다. 이곳은 내가 예전에 살던 동네에 있는 명망 높은 내과 의원으로, 원장 선생님이 랩(?)을 하는 것으로 유명하다. 주로 감기와 연관된 장염 증상에 섭취하면 안 되는 음식과 먹어도 되는 음식을 알려주시는데, 그 내용이 길고 복잡하지만 리듬감이 있어 랩처럼 들린다. 처음에는 마냥 신기하고 재미있었는데, 수년간 방문하면서 내용을 거의 외우게 되어 몸 관리에 큰 도움이 되었다. 선생님은 이것으로 화제가 되어 방송에 출연한 적도 있다. 그 프로그램을 보면서 나는 무척 당황했지만…….

하지만 그런 얄팍한 이유로 이곳을 방문하는 것은 아니다. 오랜 시간 진료하면서 원장 선생님이 나의 증상이나 몸 상태를 잘 알고 계시기에 언제나 그분의 진료에 안심할 수 있어서다. 선생님을 나의 주치의로 생각하는 이유도 그래서다. 갑작스럽게 몸 상태가 좋지 않을 때 효과가 빠른 치료를 해주시기도 하고, 내가 자주 겪는 증상들도 잘 알고 계신다. 언젠가 평소에는 없던 증상이 나타난 내게 원장 선생님은 검진을 서둘러 받아보라고 권하셨다. (다행히 큰일은 아니었다. 걱정대로라면 난리가 났겠지만.)

지금은 내가 이사를 해서 조금 떨어진 곳에 살고 있기에 그 병원에 가려면 버스를 타야 한다. 오랜만에 방문한 병원에는 겨울철이라 그런지 사람이 많았다. 꽤 오래 대기하고 나서야 선생님을 뵐 수 있었다. 반가웠지만 진료 시간은 그렇게 길지 않았다. 그사이에 안부 인사를 나누고, 증상을 확인하고 혹시 모를 경우를 확인해주시는 원장 선생님의 모습에 든든했다. 언제나 해주시는 진찰도 익숙하고 나의 증상도 역시 익숙했다. 요즘 유행하는 감기의 동향도 알려주셨다. 오늘은 먹지 말아야 할 음식을 이야기해주시지는 않았다. 하지만 나도 꽤나 연차가 있는 환자로서 그 정도는 다 알기 때문에 크게 신경 쓰지 않는다. 선생님의 체력 보존이 더 의미가 있다고 생각한다.

생각해보면 이곳에 다닌 지도 벌써 10년이 훌쩍 지났다. 처음 방문했을 때, 선생님께서 혹시 〈정선희의 오늘 같은 밤〉에 게스트로 출연하는 윤덕원 씨 아니냐고 물으시던 모습이 기억에 남는다. 라디오에 처음으로 고정 게스트로 출연할 때였다. 알고 보니 선생님은 정선희 누나의 오랜 팬이셨다. 유쾌하면서도 다정한 말씀과 적절하고 효과적인 처방에 나는 선생님의 팬이 되었고, 오랜 시간 병원을 다니며 큰 도움을 받았다. 목소리가 나오지 않을 정도로 컨디션이 좋지 않을 때도 수액이나 강한 약을 처방받아 어찌어찌 회복한 적도 있다.

최근에는 예전에 비해 잔병치레가 적은 편이다. 성대도 조금은 더 강해진 것 같다. 집에서 걸어서 갈 수 있었던 때와 다르게 이사한 뒤로는 병원까지 차를 타고 가야 해서 걱정했는데, 아무래도 급하게 선생님을 찾는 일이 줄어들었다. 그래도 문제가 있을 때마다 의지할 곳이 있다는 사실 자체로 큰 도움이 된다. 지금까지 음악 일을 무던하게 해나갈 수 있던 바탕에는 오랜 시간 도와주신 분들의 힘이 있었구나, 생각해본다. 길게는 10년 이상, 짧게도 수년간 늘 의지할 수 있는 분들이 있다는 것은 대단히 감사한 일이다.

자신의 결혼식에 축가를 좀 해주면 안 되겠냐고 하는 동생의 연락에 대답을 미루고 미루다가 식을 일주일쯤 남기고 답을 했다. 신부 오빠가 축가를 하는 게 좀 어색하지 않으냐, 내가 썼던 곡 중에는 축가 할 만한 게 없는데 어떡하느냐, 이러저러한 이유를 대봤지만 오빠가 해줬으면 좋겠다는 거다. 남매 간의 돈독한 정이 남달라서라기보다… 먼 곳에서 열리는 결혼식에서 축가를 해줄 만한 이가 없었기 때문이라고 솔직하게 덧붙였는데, 음…. 거절할 수가 없었다.

지난 시간들을 되돌아보면 항상 그렇게 민망해하는 듯하면서도 자신의 요구사항들을 빼놓지 않고 또박또박 부탁해온 동생의 요청들을 거절하지 못하고 살았던 것 같다. 물론 '같다'라고 하는 것은 순전히 나의 기억이기 때문에 아마 본인은 또 할 말이 많겠지. 그럼에도 불구하고 놀라운 일이다. 이렇게 갑작스럽게 결혼할 줄은 몰랐으니까. 앞으로도 몇 년은 더 징징대면서 금전이나 조언을 요구하며 들척지근하게 달라붙을 거라고 생각하며 마음을 비우려 했던 것이 엊그제 같았는데 말이다.

그래, 하지만 사실 잘 알고 있다. 말은 이렇게 해도 뭐 그다지 해준 것도 없고 까칠하게만 했다는 것을…. 앞으로 그런 일조차도 뜸하게 될 것이라는 것을…. 문득 그런 생각에 미치자 내 머릿속은 분주해졌고, 떠오르는 생각을 정리하니 한 곡의 노래가 완성되어 있었다. 그리고 그때 갑자기 코끝이 찡해오는 것이었다. '내가 왜?'라고 생각했지만 이해할 수 있을 것 같았다. 표현은 안 했지만 내심 동생 곁에서 든든한 울타리 같은 오빠로서 힘이 되어주고 싶었던 그 마음, 하지만 부족했던 나 자신에 대한 자책과 반성 같은 것들이 마음속에 있었나 보다. 그래, 이 마음을 최고의 축가로 전해야겠다는 오빠로서 마지막 책임감이 밀려왔다.

며칠 노래를 더 정리했다. 연습을 할 때면 한 번도 빼놓지 않고 코끝이 찡했다. 칠 줄도 모르는 피아노를 연주하며 노래하는 것도 매우 어려웠다. 늘 찡찡거렸지만 마음이 여린 동생과 어머니는 이 노래를 들으면 아마 울지도 몰라. 아니, 확실히 울고 말겠지. 그러면 농담을 해서 웃지도 울지도 못하게 만들어야지. 그리고 당일. 전날 밤을 새웠기에 전세버스를 타고 결혼식장으로 향하며 잠을 청해야 한다고 생각했지만 잠은 오지 않았다. 분주한 결혼식장에서 이리저리 움직이느라 정신도 없었다. 그리고 결혼식장의 단상에 모니터, 스피커도 없었다. 스스로의 목소리를 듣지 못한 채 울리는 나의 목소리는 불안했고, 가사를 전혀 들을 수 없었던 동생과 어머니는 행복하게 웃기만 했다. 그 모습이 나를 더 불안하게 만들었고 더욱더 두려워하며 노래해야 했지만, 모두가 밝게 웃고 있던 동생의 결혼식은 그보다 훨씬 근사했다.

「축의금」 소개문

행복

"아빠, 옛날 생각이 나서 자꾸 눈물이 나."

  잠들기 전에 누워서 책을 읽어주고 있는데 갑자기 아이가 눈물을 글썽인다. "어떤 옛날 생각이 나는데?" 하고 물어보니 '젖병'이라고 한다. 젖병? 그래, 젖병. 아이가 아기였을 때 쓰던 젖병은 나중에 분유를 떼면서 장난감이 되었다가 홍제천에 떠내려갔다. 나도 그 순간을 기억한다. 떠내려가는 젖병을 다리 위에서 보며 손 흔들었다. 그날은 웃으며 손을 흔들었던 것 같은데, "젖병아, 안녕." 하고.

  그 뒤로 몇 년이 지나서 아이가 갑자기 젖병 이야기를 하기 시작했다. 오늘처럼 자기 전에 갑자기 이야기한 적도 있고, 낮에 책을 보다가 아이 눈에 눈물이 가득하길래 이유를 물어보니 젖병 생각이 난다고 한 적도 있었지. 왜인지는 잘 모르겠는데 젖병 생각을 하면 눈물이 난다고 했다. 오늘도 그렇다고 했다.

  "괜찮아? 어떤 기분이야?" 물어보면 잘 모르겠다고 한다. 슬픈 기분인지(추억이 많은 젖병을 떠나보냈으니까.), 그리운 건지(어린이집만 졸업해도 동생들에게 "그때가 좋은 거야."라고 이야기하는 친구들이 있다.), 어쩌면 그때 뭔가 힘든 일이 있었는지도 모른다. 기억은 없어도 느낌은 남아 있어서 눈물이 날 수도 있지. 지나간 일은 지금 생각해보면 왜 그랬는지 알 수 없기도 하니까. 소중한 젖병이 갑자기 눈앞에서 사라진 일이 충격이었을 수도 있다. 그때까지 아이의 인생에서 가장 많이 가장 오래 사용한 물건이니까, 소중한 기억도 함께 사라진 것처럼 느낄 수도 있지. 어른 입장에서 수년간의 사진들이 저장된 스마트폰이 절벽 아래로 떨어졌다고 생각하면 비슷한 느낌일까?

아무튼 그 젖병은 나에게도 각별한 추억이 깃든 물건이다. 어쩌다 보니 젖병 하나로 아이의 젖먹이 시기를 다 보냈다. 분유를 다 마시고 나면 바로 젖병을 씻어서 닦아야 했기 때문에 자주 그리고 많이 씻었고, 그럼에도 부서지거나 찢어지지 않고 마지막까지 그 역할을 잘 해냈다. 마트에서 처음 젖병을 구입하던 순간도, 젖병을 뽀득하게 씻어서 싱크대에 놓인 스테인리스 그릇 건조대에 놓던 순간도 기억난다. 방금 타서 따끈하고 고소한 분유 냄새도, 다 먹지 않아서 차갑게 식은 분유를 비울 때도. 몸과 마음이 지쳐서 들고 있던 젖병을 떨어뜨렸을 때 나던 소리나 젖병이 굴러가던 모습도.

젖병을 거꾸로 들면 압력 때문에 갓 만들어 따뜻한 분유가 쪼르르 흘러나왔는데, 그러면 왠지 젖병이 살아 있는 것 같은 느낌이 들어서 좋았다. 신선한 음식을 먹이는 느낌이 들어서였을까? 세척 전용 솔이 있었는데, 젖병의 깊이가 손가락 길이와 비슷할 정도로 깊지 않아서 깨끗한 수세미로 살살 닦아도 딱 맞아떨어지는 바람에 많이 쓰지는 않았다.

그때그때의 기분 같은 것은 잘 기억나지 않을 수 있다고 생각했는데, 추억을 따라서 하나씩 써내려가자 잊고 있던 일과 감각이 떠오른다. 대체로 좋았던 일에서 시작해 힘들고 잊고 싶은 일로 이어지는 순서다. 왠지 조금 더 노력해서 떠올리면 더 생각날 것도 같지만 여기까지만 하고 싶은 마음이다.

비슷한 맥락에서, 어떤 순간을 떠올릴 때 일기를 쓰거나 기록을 해두면 좀 더 잘 기억할 수 있을지도 모르겠지만 왠지 그렇게 하지 않게 된다. 잊고 싶은 것들을 그냥 흘러가게 두고 싶은 마음 때문인 것 같다. 돌아보면 아름답고 경이로운 순간만큼이나 피하고 외면하고 싶은 일도 많았다. 그때의 마음이 어떤 것인지 선명하게 확인하기에는 겁이 난다.

속이지는 않되 솔직하지도 않은 일종의 거짓말로 메꾸며 버티는 시간이 있었다. 시시콜콜 이야기하면서 털어낼 수 없는 것이 많아질수록 마음에는 먼지가 쌓인다. 언젠가 마음만 먹으면 청소할 수 있을 것 같은, 그냥 "후." 불면 날아갈 것 같은 먼지. 하지만 막상 닦으려고 해보면 쉽지 않다. 기름때 낀 가스레인지 후드를 닦는 일처럼. 쌓여 있는 기름때는 생각만큼 잘 지워지지 않고, 한번 손대고 나면 그냥 내버려두기도 곤란하다. 그렇지만 마음먹고 정리하고 청소하기란 쉬운 일이 아니라서 냅두게 된다. 그러다 보면 어느 순간 통째로 버려야 하는 상황이 올지도 모른다. '이왕 버리지도 못하고 정리하지도 못하는 상황이라면 그냥 버리는 게 낫지 않을까?' 하는 생각을 지난 몇 년간 했다. 그런데 버리고 나면 그 뒤에는 괜찮을까? 갑자기 어느 날 떠내려가버린 젖병 같은 것을 생각하면서 눈물이 나는 것은 아닐까?

젖병과 옛날 생각을 하면 슬픈 느낌이 든다는, 아직 10년도 채 살아오지 않은 아이에게 지난 일은 어떤 의미이기에 잘 기억하지도 못하면서 눈물이 나는지 궁금하다. 여섯 살 때까지 아이는 자신이 태어난 순간부터 다 기억한다고 말하곤 했는데, 이제는 잘 기억나지 않는 시절도 생겼을까? 그렇다면 아이가 지난 일을 돌아볼 때 행복했던 기억이 남아 있으면 좋겠다. 모든 페이지가 행복이 아니라도 인용할 만한 문장이 있다면 좋겠고.

나는 그렇지 않은 것 같아서 꽤 긴 시간 동안 뒤를 돌아보지 않으려고 했는데 과연 잘하고 있는 것인지 문득 궁금해진다. 과거를 돌아보면 후회만 있고, 미래만 생각하면 걱정뿐이라는 말도 있지만, 역시 확신은 잘 들지 않는다.

오늘은 잠들기 전에 아이에게 물어보려고 한다.
"오늘은 어땠어? 오늘은 행복했어?"
녀석의 평소 말투대로라면 이렇게 답하겠지.
"그런 것 같기도 하고 아닌 것 같기도 해."

그래, 그런 것 같기도 하고 아닌 것 같기도 하다.

지난 일들을 기억하나요

애틋하기까지 한가요

나는 잘 잊어버리거든요

행복해지려구요

브로콜리너마저, 〈행복〉

아이를 업고 등원하는 길.

아이가 말하길, 내가 아빠보다 아는 게 더 많아.

그래?

응. 그거 알아? 사람은 죽고 나서 아무것도 없는 게 아냐.
다시 아기로 태어나.

그럼 아빠가 죽으면 ○○이 동생이 될 수도 있겠네?
그럼 그때 지금 아빠처럼 업어줘.

응.

「너를 업고」 소개문

에필로그

책을 쓰는 건 과분하다고 생각했었다. 어쩌다 좋게 나온 가사 몇 개로 오래 버티고 있다고 생각하던 시기가 길었다. 주변의 기대치를 만족시킬 수 있는 글을 책으로 낼 정도로 쓰는 것은 무리라고 판단했다.

마음을 조금 달리 먹게 된 것은 지면에 연재하면서부터다. 부족하지만 매주 머리를 싸매며 써나갔던 글이 쌓이니 붓끝은 조잡해도 제법 큰 그림이 그려져 있었다. 마감을 위해 뭐라도 꺼내놓는 과정에서 어쩔 수 없이 대충 덜 마른 옷을 꺼내 입고 밖에 나선 것 같은 기분이 들었지만, 꾸준히 바깥나들이를 하면서 나의 시선도 조금은 더 넓은 곳을 향하게 된 것 같다.

'글이 좋지 않아서 책이 잘 팔리지 않으면 어떡하지?' 하는 걱정도 나를 오래 망설이게 했다. 민폐를 끼치고 싶지 않은 마음이 컸다. 하지만 생각만큼 나가지 않는 음반 박스가 쌓여도 꾸준히 공연하면서 팔아오지 않았나. 책도 그렇게 열심히 들고 다니며 알리고 팔면 되지, 하고 생각하니 출판사와 나무들에게 미안한 마음도 한결 가벼워졌다. 조금 부족해도 책임질 수 있겠다는 판단이 서니 결정은 오히려 쉬웠다.

책이 나오고 나면 한갓진 좌판에 물건을 늘어놓고 멍하니 앉아 있는 가게 주인이 된 기분으로 지낼 것 같다. 하지만 매일 좌판을 펴는 꾸준함을 가지려면 그 정도 여유는 가져도 되지 않을까? 완벽하지 않은 채로 발표된 노래가 계속해서 불러주는 사람에 의해 완성되는 것처럼, 조금 느슨한 마음으로 오래 곁을 지켜 서서히 완성하는 건 내가 가장 잘하는 일이니까.

노래 목록

1장. 기억하고 기록하며

〈장백산 쪽집게 도사〉, 윤덕원 작사·작곡, 미발매 곡

〈졸업〉, 윤덕원 작사·작곡, 브로콜리너마저 2집 「졸업」, 2010

〈바른생활〉, 윤덕원 작사·작곡, 브로콜리너마저 EP 「어떻게든 뭐라도 해야 할 것 같아서」, 2021

〈2020〉, 윤덕원 작사·작곡, 브로콜리너마저 EP 「어떻게든 뭐라도 해야 할 것 같아서」, 2021

〈도망가!〉, 최엘비·윤덕원 작사, archeformw·최엘비·윤덕원 작곡, 최엘비 3집 「독립음악」, 2021

2장. 음악하는 사람입니다

〈보편적인 노래〉, 윤덕원 작사·작곡, 브로콜리너마저 1집 「보편적인 노래」, 2008

〈되고 싶었어요〉 윤덕원 작사·작곡, 브로콜리너마저 4집 「우리는 모두 실패할 것을 알고 있어요」, 2024

〈유자차〉, 윤덕원 작사·작곡, 브로콜리너마저 1집 「보편적인 노래」, 2008

〈잊어야 할 일은 잊어요〉, 윤덕원 작사·작곡, 브로콜리너마저 싱글 「잊어야 할 일은 잊어요」, 2016

〈앵콜요청금지〉, 윤덕원 작사·작곡, 브로콜리너마저 1집 「보편적인 노래」, 2008

3장. 위로가 실패로 끝난다고 하더라도

〈울지마〉, 윤덕원 작사·작곡, 브로콜리너마저 2집 「졸업」, 2010

〈이웃에 방해가 되지 않는 선에서〉, 윤덕원 작사·작곡, 브로콜리너마저 1집 「보편적인 노래」, 2008

〈속좁은 여학생〉, 윤덕원 작사·작곡, 브로콜리너마저 1집 「보편적인 노래」, 2008

〈행복〉, 윤덕원 작사·작곡, 브로콜리너마저 3집 「속물들」, 2019

열심히 대충 쓰는 사람

브로콜리너마저 덕원의
가사, 노래, 글을 짓는 마음가짐

1판 1쇄 펴냄 2025년 9월 1일
1판 2쇄 펴냄 2025년 9월 30일

지은이 윤덕원

편집 길은수 최서영 김지향
디자인 김혜수
미술 이미화 김낙훈 한나은
마케팅 정대용 허진호 김채훈 홍수현 이지원 이지혜 이호정
홍보 이시윤 김유경
저작권 남유선 한문숙 송지영
제작 임지헌 김한수 임수아 권순택
관리 박경희 김지현 박성민

펴낸이 박상준
펴낸곳 세미콜론
출판등록 1997. 3. 24. (제16-1444호)
06027 서울특별시 강남구 도산대로1길 62
대표전화 515-2000
팩시밀리 515-2007
편집부 517-4263
팩시밀리 515-2329

ISBN 979-11-94087-75-5 03810
KOMCA 승인필

세미콜론은 민음사 출판그룹의
만화·예술·라이프스타일 브랜드입니다.
www.semicolon.co.kr

엑스 semicolon_books
인스타그램 semicolon.books
페이스북 SemicolonBooks